다음 세대를 생각하는
인문교양 시리즈

 44

다를수록
좋다

나다움에서 창의성이 나오는 이유

김명철 지음

샘터

노래하던 새들도
지금은 사라지고

창조성을 연구하며 그간 많은 책과 자료를 접해 왔으나, 그중 제 가슴에 가장 깊이 남은 것은 케이트 윌헬름의 소설 《노래하던 새들도 지금은 사라지고》입니다.

이 소설에는 생물학자와 의사, 경영인으로 구성된 똑똑한 일가족이 등장합니다. 이들은 인류가 곧 멸망할 것이라 여기고, 이에 대비해 자신들의 클론으로 이루어진 공동체를 만들기로 결심합니다. 많은 클론을 생산하고 각 세대의 클론들에게는 원본의 이름과 복제 세대 번호를 조합한 월트-2, 클라렌스-4와 같은 이름을 붙여 주었죠.

"우리 가족은 준비할 거야! 나는 준비할 거다! 우리에겐 땅도 있고 농사지을 사람도 있어. 이제 병원을 짓고 우리 가축이며 사람을 살릴 방법을 연구해서 세상이 무너져도 우리는 살아남을 거야."

이들은 인류의 미래를 꿰뚫어보는 혜안을 가졌고, 클론을 무한히 생산하는 방법을 개발할 정도로 뛰어난 자질과 기술을 보유한 사람들이었습니다. 클론으로만 이루어진 사회는 유토피아를 이루고 몰락하는 인류의 방주가 될 것만 같았습니다.

하지만 작가인 케이트 윌헬름은 이야기합니다. 그러면 망한다고요.

클론들의 공동체는 선대가 개발한 기술을 운용하며 얼마간의 세월을 견뎌내지만 결국 거기서 한 발자국도 앞으로 나아가지 못합니다. 이들은 아무것도 새로 만들지 못하고 공동체의 진화 또한 이루지 못합니다. 이들의 공동체에는 서로에게 자극을 주어 창조를 촉진할 만한 인물이 없었습니다. 아무도 새로운 방향을 제시하거나 새로운 아이디어를 제안하지 못했습니다. 이들은 다 똑같은 사람이었기 때문입니다.

클론 공동체는 진화하지 못했을 뿐만 아니라 점차 빠르게 퇴보해 갔습니다. 어느 날 클론 생산 과정에 문제가 발생하자 아무도 이 문제를 해결하지 못했죠. 이런 어려운 문제를 해결할 만한 창조적 능력이 없었기 때문입니다. 이들은 저마다 뛰어난 인물의 클론이었지만, 사고방식이 일률적이며 시야가 제한적이었습니다. 결국 클론 공동체는 자신들에게 닥쳐오는 여러 가지 문제를 하나도 해결하지 못한 채 몰락해 갑니다.

케이트 윌헬름은 《노래하던 새들도 지금은 사라지고》를 통해 인류의 생존과 문화적 진화는 몇 사람의 뛰어난 능력과 자질로 이루어지지 않는다는 사실을 이야기해 줍니다. 인류의 위대함은 우리가 지닌 정신이 아찔해질 정도의 다양성에 숨어 있습니다. 그것이야말로 우리 창조성의 근원입니다. 이 다양성이 소실되면 아무리 뛰어난 사람들만 남는다 해도 인류는 멸망할 수밖에 없습니다.

이미 식량난, 전염병, 온난화, 소행성 충돌, 외계인 침공, 핵전쟁, 태평양 불의 고리 점화 등 많은 수의 인류멸망 시나리오가 존재하니 '다양성 소실'은 인류멸망 시나리오 가운데 한 17번 시나리오 정도 되지 않을까 싶습니다. 번호가 뒤로 밀리는 만큼 일어날 법하지 않은 시나리오이기도 합니다. 당장 50년 뒤에 인류의 다양성이 소실되어 멸망에 이를지 모른다고 걱정하지 않아도 됩니다. 그 대신 다양성이 사라졌을 때는 무슨 일이 일어날 수 있는지 기억해 주면 좋겠습니다.

인류의 문화적 진화는 개성적인 사람들이 독특한 자질과 능력을 발휘하며 협력할 때 이루어집니다. 우리가 지닌 현란한 개성은 창조성의 원천입니다. 그리고 각자의 개성을 개발하고 이를 창조로 연결할 수 있도록 훈련하며, 서로의 개성을 알아보고 장점을 살려 협력하는 능력이 바로 우리의 창조적 능력입니다.

이제부터 우리는 저마다의 개성을 이해하고 살리는 방법을 알아볼 것입니다. 또한 공동체 안에서 협력하고 자극을 주고받으며 창조적 성취를 이루는 방법에 대해서도 살펴보려 합니다.

| 차 례 |

여는 글 노래하던 새들도 지금은 사라지고 _ 4

1장. 나다움에 길이 있다

같지 않다는 공통점 _ 14
셜록 홈즈 생각법과 제프 베조스 생각법 _ 23
타이어 회사와 가이드북 _ 29
물과 불이 만날 때 _ 35

2장. 개성은 우리 안에 있다

자리를 양보하지 않는 용기 _ 42
13인의아해 _ 46
아는 길도 물어 가라 _ 54
이해해야 사랑할 수 있다. 사랑해야 도울 수 있다 _ 62
브로콜리의 미학 _ 69
함께할수록 빛난다 _ 75

3장. 길을 아는 것과 걷는 것은 다르다

새로운 생각의 재료 밈 _ 83
백설공주 만들기 _ 89
스승의 산을 오르고 오르며 _ 94
보드게임은 지능검사가 아니다 _ 101
모차르트의 반전 있는 삶 _ 107

4장. 같이할 때 불꽃이 일어난다

왜 혁신가는 떼 지어 나타날까? _ 113
서로 다른 것이 만날 때 _ 119
셰익스피어와 스티브 잡스 _ 126
강대원을 기억해야 하는 이유 _ 133

5장. 마음이 안전해야 생각이 나온다

우리들의 동료가 돼라 _ 144
먼저 다가가 말 걸기 _ 151
남들이 안 하는 일을 하니까 당연히 실패하지 _ 159
서로 듣기 좋은 이야기를 하다 보면 _ 162

닫는 글 심리학의 아버지는 끈기 없는 사람이었다 _ 169

1장

나다움에
길이 있다

인류는 놀라운 존재입니다. 엄청난 자질과 능력을 가지고 있기 때문이지요. 우리는 열정적으로 목표를 추구하고 모험과 실험을 즐기면서도 심사숙고하며 반성할 줄 압니다. 이득을 좇아 끊임없이 성장하면서도 보다 인간적이고 조화로운 사회를 만들기 위해 끝없이 노력합니다. 우리는 치열하게 미래로 나아가는 와중에도 자신의 뿌리를 잊지 않습니다. 싸울 때에는 물러서지 않는 용기를 보여주지만 적을 용서하고 화합을 이루는 능력도 가지고 있습니다.

인류는 데이터를 수집하고 이로부터 차근차근 논리를 쌓아갈 줄 압니다. 또한 직관과 감정에 의거해 더 빠르고 획기적인 변화를 이끌어 내기도 합니다. 서로 멀리 떨어진 지식과 경험을 연합시킬 줄 알고 모순과 오류를 기가 막히게 탐지해 내며 다양한 관점에서 사안을 바라볼 줄 압니다. 그뿐만 아니라 규칙과 규범을 지키는 데에도, 규칙과 규범을 깨부수고 수정하는 데에도 강점을 가지고 있습니다. 우리는 유추를 할 줄 알고 은유와 상징을 활용하는 존재입니다. 명쾌하게 정의된 이슈와 과업을 다루길 좋아하면서도 문제 자체가 확실하지 않고 이슈가 불분명한 상황에서 목표와 문제를 발견해 내는 일도 즐겁니다.

　그러나 인간 한 사람 한 사람이 이 모든 능력을 다 가지고 있는 것은 아닙니다. 개인은 이 가운데 몇 가지의 능력만 가지고 있을 뿐입니다. 우리 모두는 저마다 서로 다른 자질과 능력을 가지고 있으며, 나와 다른 자질과 능력을 지닌 이들과 어울려 살며 협력할 줄 압니다. 이러한 다양성과 협력이야말로 인류를 진정 놀라운 존재로 만듭니다.

같지 않다는
공통점

유전적 다양성을 확보한 종은 한 가지 바이러스에 절멸하지 않습니다. 마찬가지로 자질과 능력의 다양성을 가진 인류는 지금까지 마주한 많은 난관을 이겨내고 재난을 극복할 수 있었습니다. 인류가 지금까지 과학, 철학, 문학, 예술, 공학, 의학과 그 무수한 하위 분야를 꾸준히 발전시킬 수 있었던 것도 우리가 이처럼 다양한 자질과 능력을 발휘하며 살아왔기 때문입니다.

문화적 진화란 우리가 당면한 난관을 해결하고 새로운 사상을 창출하며 쓸모 있는 기술을 개발하고 유용한 지식을 생산함으로써 인류를 앞으로 나아가게 만드는 일입니다. 이는 특정한 자질을 가진 사람 몇몇이 이루는 일이 아니라 각자 자기만이 할 수 있는 일을 하는 다양한 사람들이 협력하여 이루는 일입니다. 우리는 이처럼 고유한 자질과 능력으로 인류의 문화적 진화에 기여한 다양한 사람들을 '창조적인 인물'이라 부릅니다. 이들의 활동은 '창조'라 부르고 이들이 만든 새롭고 유용한 산물은 '창조적 산물'이라 부릅니다. 이들이 이끌어낸 문화적 진화는 '혁신'이라 부르죠.

심리학자들은 수많은 창조적 인물이 나열된 목록을 보며 "이렇게 다양한 방식으로 인류에 공헌한 인물들이 보이는 공통점이 무엇일까?"라고 질문하곤 합니다. 만약 공통점이 하나라도 보이면 그게 바로 창조의 핵심 자질이자 능력이고 문화적 진화의 열쇠라는 것이지요. 이 질문에 매몰되어 우리는 많은 세월을 허송으로 보내기도 했습니다. 이거다 저거다 말은 많았지만 결국 모든 창조적 인물을 꿰뚫는 능력, 사고방식, 자질, 성장 배경, 성격 따위는 찾을 수가 없었거든요.

사실 우리가 주목할 부분은 다양한 사람들이 보이는 공통점이 무엇인지가 아니라 창조적 인물들이 보이는 다양성 자체입니다. 창조적 과학자들은 서로 다른 사고 과정을 동원해 창조적 업적을 산출합니다. 창조적 작가들은 자신만의 독특한 경험과 기법을 바탕으로 작품을 쓰지요. 창조적인 예술가들 역시 각자의 고유한 시선으로 세계를 바라보며, 창조적인 엔지니어들은 저마다의 독특한 방식으로 기술적 돌파구를 만들어 냅니다. 여기서 알 수 있는 것은 다른 사람들과 구별되는 독특함, 바로 창조적 인물의 개성이 창조의 원천이라는 것이죠.

세상에는 수많은 개성이 존재합니다. 성격심리학의 아버지인 고든 올포트는 세상에 수십억 명의 사람들이 존재한다면 성격 또한 수십억 가지가 존재하는 셈이라고 말했습니다. 한 사람 한 사람의 성격이 저마다 다르며, 세상에 개성이 없는 사람은 없다는 얘깁니다.

20세기 심리학자 가운데 가장 영향력이 컸던 인물로 버러스 프레더릭 스키너를 들 수 있습니다. 스키너는 무릇 심리학자라 하면 상식적으로 갖추어야 할 성싶은 자질과 능력을 가진 사람이 아니었습니다. 그는 '심리'라는 개념을 불신했습니다. 그 스스로가 공허한 사람이었기 때문입니다. 사람들은 우리 마음이 뭔가로 가득 차 있다고 말하는데, 스키너는 그게 도대체 무엇인지 알 수가 없었어요. 청소년기에 스키너는 동생을 잃었는데, 도무지 슬프지가 않아서 죄책감이 들었다고 합니다. 젊었을 때에는 소설가가 되기 위해 무진 애를 써봤지만 결론은 '아, 나한테는 남들한테 할 이야기가 하나도 없구나'였다고 하죠.

사람의 마음을 불신했던 스키너는 '행동주의 심리학'에 감명을 받아 심리학자가 되었습니다. 행동주의 심리학이란 인간을 과학적으로 다루기 위해 의도적으로 의식과 마음을 배제하고 관찰 가능한 행동만을 연구하는 흐름입니다. 파블로프나 왓슨과 같은 행동주의 심리학자들은 인간을 인풋에 따라 아웃풋을 산출하는 일종의 생리학적 기계로 파악하곤 했죠.

스키너는 '스키너 박스'로 널리 알려진 실험 기구를 만들어 인간의 기계적 측면을 폭로하는 연구를 진행했습니다. 사람의 마음을 연구하지 않기로 한다면 구태여 사람을 대상으로 연구할 필요도 없으므로 스키너는 주로 비둘기를 연구대상으로 삼았습니다. 스키너는 비둘기가 스키너 박스 안에서 모이를 얻기 위해 다양한 행동을 익히는 모습을 관찰하며 인간의 학습도 이처럼 보상을 확보하는 행동이 강화되는 과정이라는 이론을 펼쳤습니다. 같은 방식으로 스키너는 우리가 돈을 좋아하는 이유(돈은 보상을 얻게 해주는 '2차 강화물'이니까)와 정신병리를 갖게 되는 이유(관심과 보살핌과 같은 보상을 얻게 해주니까)를 설명했습니다. 강화를 통해 고양이에게 특정 색을 선호하게 만든 뒤에 이것이 인간의 미적 감각이 발달되는 메커니즘이라 말하기도 했지요.

보통의 심리학자들과 달리 인간의 마음이나 의식을 믿지 않았던 스키너는 자신의 개성을 바탕으로 한 연구로써 심리학의 급격한 발전을 이끌 수 있었습니다. 물론 오늘날의 심리학자들은 마음의 존재를 무시하지 않고 동물의 행동 양태를 가지고 인간의 행동

| 공허한 사람 스키너의 눈에는 인간과 비둘기의 '심리'가 매한가지로 보였습니다.

을 설명하지도 않습니다. 하지만 스키너가 강조한 강화, 보상, 처벌의 개념은 오늘날까지도 심리치료와 교육 등 다양한 분야에 적용되어 현실적 도움을 주고 있습니다. 또한 오늘날의 심리학을 객관적자료를 바탕으로 하는 과학적 학문으로 만들어준 것도 스키너지요. 심리학자들이 복잡한 사람 심리를 분석하느라 혼란스러울 때 자주떠올리곤 하는 이론적 대안 역시 스키너의 기계론적 인간관입니다.

우리는 수많은 개성, 즉 다양성을 토대로 발전을 이루었습니다. 인류 문명은 저마다 자신만이 할 수 있는 일을 하는 스키너와 같은 개성적인 이들을 필요로 한다는 뜻입니다. 우리가 이루어내는 기여라는 게 때로는 아주 미미해서 역사에 저작권을 주장하기 곤란할수도 있습니다. 때로는 각종 교과서에 큼지막하게 이름이 들어가는 중요한 기여를 할 수도 있고요. 하지만 인류의 역사가 우리에게 원하는 바는 크든 작든 우리만이 할 수 있는 독특한 기여를 이루어내는 일입니다.

그러므로 창조적 업적은 여러모로 보석과 같습니다. 원석을 깎아 보석의 광채를 극대화하는 가장 효율적인 세공법은 정해져 있을 것입니다. 하지만 모두가 이처럼 모범적인 세공 방법만 추종한다면 보석 세공의 세계에는 발전이 있을 수 없습니다. 실제로 '브릴리언트 컷'이라 알려진 면내기 세공 방법이 개발된 건 몇백 년 전이지만, 그 후에도 장인들은 각기 독특한 자질과 능력을 동원해 자신들의 세계를 발전시켰습니다. 이를테면 '파베르제 달걀'을 만든 러시아의 보석 장인인 카를 파베르제가 그랬습니다.

| 브릴리언트 컷으로 세공한 다이아몬드. 브릴리언트 컷은 1600년대 후반에 정립된 면내기 세공법으로, 보석의 반짝임을 극대화하는 모범적인 기법입니다.

1885년 러시아 로마노프 왕조의 황제 알렉산드르 3세는 부인에게 선물할 부활절 달걀 제작을 파베르제에게 의뢰했습니다. 파베르제는 이후 1917년 러시아 공산혁명이 성공해 왕정이 폐지될 때까지 매년 한두 개의 달걀을 만들었습니다.

파베르제 달걀은 당시 사람들이 생각하던 보석 장신구와는 많이 달랐습니다. 보석이 박힌 왕관이나 목걸이도 아니고 심지어 비싼 보석을 쓰지 않는 경우도 있어요. 여러분이 보기에도 의아할 정도로 괴상한 디자인의 작품도 있죠. 이 정체불명의 작품을 만든 파베르제는 자신의 창조물처럼 독특하고 개성 있는 사람이었습니다. 보석 세공을 예술의 관점에서 바라보며 특히 옛 작품들이 가진 예술성을 날카롭게 포착했습니다. 고대 스키타이의 장신구부터 시작해서 동양의 분재에 이르기까지 여러 원천으로부터 예술적 영감을 끌어올렸습니다.

그리하여 파베르제는 러시아 황제가 던져준 부활절 달걀이라는 아이디어에 자신의 다양한 예술적 영감을 합쳐 파베르제 달걀을 탄생시켰습니다. 이는 세상의 수많은 보석 세공사 가운데 오직 파베르제의 경험과 관점과 자질만이 만들 수 있는 작품이었죠. 보석 세공이라는 분야는 이렇게 파베르제의 개성을 섭취하여 다시 한번 변화하고 미래로 나아갈 수 있었습니다. 개성을 바탕으로 다른 이들이 생각지 못한 곳에서 돌파구를 찾는 것, 정답이 이미 눈앞에 있을 때에도 한발 더 앞으로 나아가는 것을 우리는 창조라 부릅니다.

그렇다면 인류 문명을 만들고 발전시킨 다양성, 즉 우리의 개성은 어떻게 정의할 수 있을까요? 창조적 역량과 관련해서는 크게 두 가지의 개성을 정의할 수 있습니다. 첫째는 우리의 다양한 자질이

다를수록 좋다

| 파베르제 달걀. 원가 천만 원 정도의 재료로 만든 파베르제의 달걀은 경매에서 백억 원 가까운 금액에 입찰되기도 하는데, 이는 우리가 파베르제라는 사람의 독특한 자질에 그만큼의 가치를 매긴다는 뜻입니다.

고 둘째는 우리의 사고 능력입니다.

　카를 파베르제의 사례를 살펴보면 그는 다양한 예술 영역에 대한 호기심을 가지고 공부했던 사람입니다. 이와 같은 호기심과 학구열을 파베르제의 독특한 자질이라 할 수 있죠. 또한 파베르제는 동서양의 다양한 작품에서 얻은 영감을 보석 세공이라는 자신의 전문 영역과 접목시키는 걸 즐겼던 사람입니다. 이것이 그의 사고 능력인 '연합' 능력이라 할 수 있습니다. 앞서 살펴본 버러스 프레더릭 스키너의 경우에는 공허함이 그만의 독특한 자질이었습니다. 기계와 동물의 양태를 바탕으로 인간의 다양한 심리적 현상을 해석해 내는 능력은 심리학계에서 오직 그만이 보여줄 수 있었던 무시무시한 '유추' 능력이었죠.

이제 우리는 우리가 가질 수 있는 독특한 자질과 사고 능력에 대해 자세히 알아볼 것입니다. 양쪽 모두 심리학자들이 제안하는 좋은 틀이 있으니 여러분도 이 틀에 따라 각자의 개성을 파악해 보면 좋겠습니다.

먼저 인간의 개성적인 사고 능력들에 대해 알아보기로 하죠. 이제 살펴볼 사고 능력들은 우리가 선천적으로 갖추고 태어나는 게 아니라 창조를 향한 훈련 과정에서 획득하고 가다듬는 능력입니다. 여러분의 가능성에 주목하며, 또한 여러분의 가능성이 내포한 힘이 무엇인지 느끼면서 읽어보길 바랍니다.

셜록 홈즈 생각법과
제프 베조스 생각법

감각과 직관은 서로 대비되는 사고 방향으로, 가장 널리 활용되는 성격 유형 검사인 MBTI에서 중시하는 성격적 사고 특성입니다.

어떤 현상이나 문제에 대해 고민할 때, 감각을 선호하는 사람은 해당 현상이나 문제와 관련된 충분한 자료를 수집하고 이를 바탕으로 결론을 도출하려 합니다. 반면 직관을 선호하는 사람은 상상력을 동원하여 현상의 본질을 통찰하려 하고 해결 방안을 직관하려 합니다. 감각을 선호하는 사람이 귀납적으로 자료를 분석하고 있을 때, 직관을 중시하는 사람은 "이건 혹시 공동체 정신의 문제가 아닐까?", "그러니까 현실 지향적인 사람이 미래 지향적인 사람에 비해 불행하다는 거네" 하는 식으로 추상적 의미와 결론으로 점프한 뒤에 이로부터 자료를 연역적으로 해석하려 합니다.

최근의 연구자들은 이 두 사고 경향의 차이를 연산법과 어림법이라고 정의하기도 합니다. '연산법'이란 자료를 바탕으로 치밀한 연산을 수행해 결론을 찾아가는 방법입니다. '어림법'이란 분석에 앞서 가설 또는 이론을 생산하고 이에 맞추어 현상을 관찰한다는 뜻입니다. MBTI에서 말하는 감각-직관과 정확히 부합하는 개념들이지요.

창조에 이르는 가장 좋은 방법은 연산법과 어림법을 자유자재로 적재적소에 활용하는 것입니다. 직관과 통찰이 어려울 때에는 자료를 중심으로 작품과 이론을 구상하고, 관찰과 자료 분석만으로 돌파구가 보이지 않을 때 직관을 활용하는 거죠. 하지만 MBTI에서 감각과 직관 선호를 성격으로 취급하듯이, 개인은 감각과 직관, 연산법과 어림법을 모두 능숙하게 구사하기 힘들어합니다. 어떤 사람은 연산법에 능하여 이를 창조의 근간으로 삼고 어떤 사람은 어림법에 능해 그로써 창조적 업적을 이루어내죠.

감각 또는 연산법을 대표하는 인물은 실존 인물이 아니지만 세상 많은 이의 마음속에 살아 숨 쉬고 있는 셜록 홈즈입니다. 셜록 홈즈는 자신의 사고 특성에 대한 선언문과 같은 작품 《네 사람의 서명》에서 이렇게 말합니다.

"내가 자네한테 몇 번이나 말했나? 불가능한 것을 빼고 남는 것이 아무리 그럴듯하지 않아도 진실이라고 말일세!"

"나는 절대로 추측 같은 건 하지 않네. 그건 정말 사람의 논리 능력을 파괴하는 악습일세."

이처럼 관측과 자료가 스스로 말할 때까지 철저히 발을 땅에 디디고 뚜벅뚜벅 걸어 나가는 자세가 연산법의 기본입니다.

반대로 어림법을 활용하기 위해서는 상상력이 중요합니다. 추리소설을 읽다가 "알았다! 범인은 왠지 너 같아!"라고 말하고 관련된 단서를 수집하는 것과 비슷하죠. 셜록 홈즈에게 죽도록 비웃음을 살 행동이지만 여러 창조자들을 혁신으로 인도한 사고방식이기도 합니다.

어림법의 힘을 보여주는 대표적인 인물은 앨버트 아인슈타인입니다. 아인슈타인을 대표하는 창조적 업적은 특수상대성이론과 일반상대성이론인데 두 가지 이론이 모두 어림법의 발로로 만들어졌죠. 이를테면 특수상대성이론은 "시간과 공간이 연관되어 있다"라는 통찰에서 출발해 수학적 증명이 이어진 경우입니다.

어림법은 또한 기업가들이 자주 보이는 사고 특징이기도 합니다. 특히 21세기 IT 시대를 연 기업가들인 스티브 잡스, 빌 게이츠, 세르게이 브린, 래리 페이지 등이 급변하는 세계 속에서 기업을 이끌어가기 위해 자주 썼던 방법이지요. 여기서는 현대의 대표적 e커머스 기업인 아마존의 창립자 제프 베조스의 리더십을 살펴보며 IT 업계 CEO들의 어림법에 대해 알아볼까 합니다.

1989년에 유럽입자물리연구소의 팀 버너스 리가 월드와이드웹을 개발한 지 몇 년 뒤, 제프 베조스는 인터넷이 세상을 바꿀 것이라고 생각하게 됩니다. 인터넷이 세상을 어떻게 바꿀지 그도 정확히 알지는 못했습니다. 다만 몇 가지 가능성을 떠올릴 수는 있었죠. 그중에 베조스가 필생의 목표로 삼게 된 것이 '에브리싱 스토어'라는 개념입니다. 인터넷으로 세상 모든 것을 파는 기업을 만들겠다는 거죠.

에브리싱 스토어는 기업 세계에 적용하기에는 절망적일 정도로 추상적인 개념이었습니다. 하지만 베조스는 인터넷이 세상을 급속도로 바꿀 것이고, 그 세계에 뛰어들어 발 빠르게 변화하지 못하는 이들은 모두 멸종할 것이라는 결론을 내린 상태였습니다. 이에 그는 몇 가지 원칙을 수립하여 무작정 에브리싱 스토어 건설에 착수합니다.

베조스가 세운 원칙은 '고객 중심', '빠르게 성장하라', '창조를 즐겨라' 등이었습니다. 이런 원칙은 회사의 정책에 구체적으로 반영되었죠. 그는 첫 번째 상품으로 책을 선택했는데, 책이야말로 인터넷으로 옮겼을 때 고객들의 쇼핑 편의가 크게 증가하는 품목이라

판단했기 때문입니다. 아무리 큰 서점도 세상 모든 책을 다 들여놓을 순 없지만 온라인에서는 이게 가능하니 소비자들이 책을 고르고 구매하기에 편하리라는 것이었습니다.

'고객 중심의 인터넷 서점'이란 추상적 목표를 이루기 위해 베조스는 직원들을 닦달하여 목표에 이르는 길을 찾게 만들었습니다. 직원들은 쉬지도 못하고 놀지도 못한 채 온라인 서점 사업을 개척하고 당일배송, 무료배송, 마켓플레이스(아마존 외의 판매자가 사이트를 사용할 수 있게 하는 것), 별점과 랭킹 서비스, 원클릭 구매와 미리보기, 찾아보기 서비스를 개발했습니다.

나아가 베조스는 '빠르게 성장하라'라는 모토 아래 무작정 성장을 향해 질주했습니다. 그는 어떻게 팔아야 할지, 창고는 얼마나 큰 게 필요한지 전혀 예측하지 못한 채 음반과 DVD와 장난감과 전자제품으로 품목을 확장했죠. CEO의 직관적 목표에 맞춰 구체적 방안을 강구하는 건 이번에도 직원들의 몫이었습니다.

아마존 킨들을 출시할 때에도 베조스의 추상적 통찰이 중요한 역할을 했습니다. 베조스는 비용을 절감할 방법을 궁리하기도 전에 킨들 가격을 엄청나게 낮게 책정해 버렸죠. "제품 가격이 높으면 회사가 마진을 많이 남기고, 그러면 이 사업을 하고 싶어 하는 회사가 많아져 경쟁만 치열해진다. 대신 정가가 낮으면 함부로 경쟁을 걸어오는 회사도 없어지고 고객들은 낮은 가격에 물건을 살 수 있다.

그러니 킨들의 가격을 최대한 낮게 책정하는 게 아마존의 고객중심주의에 부합한다." 베조스는 이런 생각을 했고, 직원들은 이번에도 이 최첨단 제품을 최저가에 팔 방법을 찾느라 머리를 쥐어뜯어야 했습니다.

한마디로 제프 베조스가 한 일은 미래에 대한 추상적 통찰을 내놓은 뒤 이를 구현할 방안을 찾도록 본인을 비롯한 모든 구성원을 극한으로 몰아붙이는 것이었습니다. 이를 통해 그가 이루어낸 것이 현재 가장 혁신적인 기업이자 직원들이 오래 일하기 힘든 기업으로 유명한 아마존입니다.

다를수록 좋다

타이어 회사와
가이드북

연합이란 각종 개념, 지식, 사상, 노하우를 연결시켜 새로운 개념, 지식, 사상, 노하우를 만드는 것입니다. 자세한 설명보다는 바로 예시를 살펴보는 게 이해에 도움이 될 거예요.

구텐베르크가 인쇄기를 만든 15세기에는 고려에서 개발된 금속활자가 먼 여정을 거쳐 유럽에도 소개된 참이었습니다. 구텐베르크는 금속활자 기술에다가 유럽의 고유한 기술인 올리브 압착기 기술을 접합해 인류 문화사에 빛나는 혁신적 발명품을 만들었습니다. 올리브 압착기는 나사의 원리를 이용해 힘을 수직 방향으로 가할 수 있는 수동식 프레스기입니다. 금속활자에 잉크를 묻힌 뒤 그 위

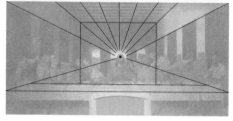

| 요하네스 구텐베르크가 만든 구
텐베르크 인쇄기(왼쪽)와 레오
나르도 다빈치의 〈최후의 만찬〉
(오른쪽).

에 종이를 얹고 프레스기로 꾹꾹 눌러주는 겁니다. 간단하지만 놀
라운 연합의 사례죠.

　레오나르도 다빈치는 회화에 원근법을 도입해 미술에 일대 변
혁을 일으킨 인물입니다. 〈최후의 만찬〉은 다빈치의 원근법을 보여
주는 대표작으로 불리지요. 기하학 연구라고 할 수도 있고 획기적
예술이라고도 할 수 있는 위대한 작품입니다.

　미국의 엔지니어 조지 풀먼이 만든 풀먼 침대칸은 세계 최초의
본격 열차 침대칸입니다. 교통수단에 숙박시설이란 개념을 융합해
밤새 교통수단을 이용하는 사람들에게 편의를 제공하는 새로운 개
념을 탄생시킨 것이죠. 원래는 증기선에 적용되어 쓰이던 개념인데

　　　　　　　　　　　　　　　　　　　　다를수록 좋다

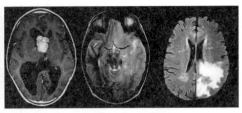

| 19세기 후반에 생산된 풀먼 침대칸의 모습(왼쪽)과 MRI로 촬영한 종양 사진(오른쪽).

풀먼은 증기선을 이용했던 경험을 바탕으로 이를 기차에 적용했습니다.

MRI로 뇌를 스캔한 사진을 보면 놀랍습니다. 종양의 위치를 정확하게 알 수 있을 뿐만 아니라 그 상태가 악성인지까지도 알아낼 수 있거든요. 물리학 원리인 양자역학의 '양자 스핀' 개념을 의료 이미징 분야와 연합해 만든 창조적 업적입니다. MRI의 선배 격인 엑스레이 또한 당대 최첨단 물리학을 의료 서비스와 연합한 작품이라 할 수 있죠.

다음으로 살펴볼 사례는 미쉐린 가이드입니다. 2011년 영국 및 아일랜드 판 표지를 보면 미쉐린 타이어의 로고와 100년 터울의 두 마스코트가 등장해 이 책의 뿌리를 잘 보여줍니다.

한때 고무 타이어를 제조하는 게 인류의 핵심 산업 중 하나이던 시절이 있었습니다. 타이어 산업이 얼마나 인기였던지 유럽 열강들

| 2011년에 발행된 100주년 기념판 영국 및 아일랜드 미쉐린 가이드(왼쪽)와 2020년 서울 미쉐린 가이드(오른쪽).

이 아프리카, 아시아, 아메리카의 식민지를 쥐어짜 고무를 확보하는 데 바빴죠. 프랑스의 엔지니어이자 사업가였던 에두아르 미쉐린과 앙드레 미쉐린 형제도 베트남 식민지의 고무로 타이어를 만들던 사람이었습니다. 하지만 이들은 오늘날까지 응용되는 중요한 혁신들을 이루기도 했죠. 펑크가 나도 달릴 수 있는 타이어를 개발한 게 대표적입니다. 그리고 미쉐린 가이드도 만들었고요.

미쉐린 가이드는 원래 자동차 운전자들을 위해 각국의 도로, 주유소, 타이어 교체 장소, 숙박 시설을 알려주는 가이드북이었습니다. 사람들이 차를 타고 잘 다니도록 해야 타이어도 잘 팔릴 테니, 타이어 회사에서 가이드북을 낸다는 아이디어 자체가 그럴듯한 연합적 사고의 결실이었다 할 수 있습니다.

다를수록 좋다

그리고 첫 가이드북이 나온 지 20년이 좀 안 되었을 때 미쉐린 가이드에 드디어 레스토랑 정보가 실리기 시작했습니다. 그로부터 10년이 더 지나면 우리가 잘 아는 미쉐린 별점이 등장하죠. 별점 1 점짜리 식당은 좋은 식당이란 뜻입니다. 2점은 여기 방문하기 위해 길을 돌아갈 가치가 있다는 뜻이죠. 3점은 오직 이 식당에 가기 위해 여행을 계획할 가치가 있다는 뜻입니다. 미쉐린 가이드는 이처럼 타이어 회사의 운전자 가이드북에 유네스코 세계문화유산인 프랑스 미식 문화를 연합하여 만든 세계 최초의 미식 가이드북입니다. 오늘날에도 그 분야에서는 최고의 명성을 누리고 있고요.

마지막으로 볼 사례는 최근 우리나라가 COVID-19에 대항하여 만든 드라이브 스루 검사입니다. 드라이브 스루 개념은 미국 패스트푸드점에서 개발되어 오래전 우리나라에 수입됐지만 별 호응을 얻지 못하고 사장되었습니다. 하지만 국가적 위기에 직면한 우리 방역 당국과 의료인들은 차에 탄 상태로 주문하고 제품을 받는 방식을 활용해 세계에서 가장 빠르고 편리한 검사 시스템을 구축했습니다. 미확인 환자와의 직접적인 접촉을 최소화해서 의료진과 검사 기관 내 감염 위험을 차단하는 혁신적인 방식으로 전 세계 여러 나라에서 도입하여 시행하고 있습니다.

지금까지 살펴본 사례들을 보면 연합이 무엇인지 이해할 수 있을 것입니다. 연합은 아직 뚜렷하게 관련되지 않은 두 개 이상의 지식과 개념과 노하우를 융합하여 새로운 지식과 개념과 노하우를 만드는 것입니다. 연합은 특정 분야에 몸담은 사람들이 고유한 경험을 통해 다른 분야의 개념을 끌어올 때, 또는 자기와는 다른 지식과 경험을 가진 사람과 협력할 때 이루어집니다. 다양한 사례에서 볼 수 있듯이 연합은 여러 분야에 적용되어 자주 쓰이는 창조적 사고방식입니다. 오늘날 학교에서 서로 다른 지식을 연합시키는 걸 훈련하고, 기업과 각종 창작 현장에서 융합적 사고를 중시하는 이유가 바로 이것입니다.

물과 불이
만날 때

마지막으로 살펴볼 창조적 사고 능력은 유추입니다. 여러 연구를 종합해 보면 유추는 어려운 사고 기술이어서 그다지 자주 쓰이지는 못하지만 제대로 적용되었을 때에는 획기적인 지식과 이론과 사상과 노하우를 탄생시킨다는 걸 알 수 있습니다.

유추는 우리가 잘 알고 있는 현상이나 원리에 비추어 우리가 잘 알지 못하는 현상과 원리를 추론하는 것입니다. 유추를 하기 위해서는 우리가 잘 아는 것과 해명하고자 하는 새로운 현상 및 원리 사이에 분명한 유사성이 있어야 합니다. 사실 많은 사람들은 겉으론 비슷해 보이지만 본질은 완전히 다른 두 현상 및 원리를 비교했다가 실패를 맛보곤 하죠. 물속을 나아가는 물체의 운동을 통해 천체의 운동을 유추하려 했던 과학자들, 기독교 성서의 내용을 바탕으로 과학 법칙을 유추하려 했던 이들, 그리고 땅, 불, 바람, 물의 원리를 이용해 물리 법칙을 설명하려 했던 아리스토텔레스 등이 그 사례입니다. 유추는 활용법을 익히기도 힘들고 이처럼 실패 확률도 있기 때문에 어려운 사고 능력으로 취급됩니다.

유추는 특히 어림법에 도움을 줌으로써 지식과 사상의 획기적인 전환을 가져오기도 합니다. 이런 사례로는 열역학의 창시자 가운데 하나인 사디 카르노를 꼽을 수 있습니다. 카르노는 증기기관은 있지만 열역학은 없는 시대에 살았습니다. 카르노는 열로써 일을 해내는 증기기관의 원리가 무엇일까 호기심을 가졌습니다. 그리고 열과 핵심적 성질을 공유하는 것을 찾아냈죠. 물이었습니다. 열과 물은 일을 할 수 있다는 공통점이 있었거든요. 카르노는 물이 일을 하는 원리를 통해 열이 일을 하는 원리를 이끌어냈습니다.

그는 물이 높은 곳에서 낮은 곳으로 떨어지며 일을 하듯이 열도 고온에서 저온으로 떨어질 때에만 일을 할 수 있다고 주장했습니다. 일을 소모해 물을 높은 곳으로 퍼 올릴 수 있듯이 일을 소모하면 온도를 높일 수 있다고도 말했죠. 이는 현대 열역학의 핵심이 되는 원리인데, 카르노는 기본적인 현상 관찰과 유추만을 활용해 바로 결론에 이를 수 있었습니다. 카르노는 당대에 큰 주목을 받지 못하고 36세에 요절했지만 후대의 많은 과학자들에게 영향을 미친 '열역학의 아버지'로 평가받습니다. 유추의 힘은 정말 놀랍지요?

유추의 또 다른 유명한 사례는 크리스티안 하위헌스가 주장한 빛의 파동론입니다. 하위헌스의 파동론은 빛에 대한 세계 최초의 수학 이론입니다. 하위헌스는 빛의 성질을 설명하기 위해 물의 파동에 주목했습니다. 빛의 편광과 복굴절을 관찰해 보면 빛을 수평 방향과 수직 방향의 물결로 이루어진 파동으로 볼 수 있었기 때문입니다. 이 점에 착안해 물의 파동을 설명하는 수학 원리로 빛을 설명한 것이 하위헌스의 파동론입니다. 빛에 대한 아무런 이론이 개발되지 않은 상황에서 하위헌스는 유추만으로 원리를 개발했습니다.

유추는 활용하기 어렵고 실패 가능성도 있습니다. 하지만 충분한 자료와 이론이 없고 돌파구가 보이지 않는 상황에서 빛을 발하기에 중요한 사고 능력으로 간주됩니다. 훈련을 통해 가다듬을 가치가 충분하죠.

지금까지 우리가 창조 과정에 도입할 수 있는 독특한 사고 능력들인 감각과 통찰(연산법과 어림법), 연합, 유추에 대해 알아보았습니다. 이러한 사고 능력의 독특성과 함께 우리의 창조적 개성을 놀랍도록 다채롭게 만드는 요인이 또 한 가지 있습니다. 바로 우리가 가진 다양한 자질들입니다.

2장

개성은
우리 안에 있다

누군가에게 "당신은 어떤 자질을 가지고 있나요?"라는 질문을 받으면 우리 머릿속에서는 두 가지 좋지 않은 일이 일어나곤 합니다. 첫째, 안 좋은 쪽으로 생각이 쏠립니다. 내가 어떤 자질을 가지고 있는지보다 내게 어떤 자질이 없는지를 생각하는 거죠. "자질이라. 그러고 보니 나는 왜 이렇게 끈기가 없고 집중력이 부족할까……." 이런 식으로 말이에요.

둘째로 우리는 사람이 가질 수 있는 자질에 어떤 것들이 있는지 모르기 때문에 멍한 상태가 됩니다. 자신이 지닌 자질을 깨닫지 못한 채 남들이 중시하는(그러나 내게는 없는) 한두 가지 자질에 생각이 미치면 결국 부정적인 생각에 빠지게 마련이죠. "나한테 무슨 자질이 있지?"라는 생각에서 출발해 결국 "그러게 나는 왜 이렇게 열정이 없고 끼가 없고……"라고 생각하게 된다는 것입니다.

21세기 심리학의 변화와 혁신을 이끈 긍정심리학 운동은 이와 같은 문제의식에서 출발했습니다. 마틴 셀리그만과 크리스토퍼 피터슨이라는 두 심리학자는 사람들이 자신이 지닌 다양한 자질에 대해 잘 모른다는 점에 주목했습니다. 우리는 사람의 단점은 잘 꿰뚫어보면서 장점은 잘 알아차리지 못한다는 것이지요. 또한 심리학자들은 우울과 불안과 반사회적 성격에 대해 소리 높여 이야기하지만 그와는 반대되는, 인간의 풍부한 강점과 최선의 상태에 대해서는 아는 바가 별로 없다는 것이었습니다.

이에 셀리그만과 피터슨은 성격 강점 이론을 개발했습니다. 이는 한마디로, 우리 모두 스스로의 성격 가운데 좋은 점에 주목하자는 취지의 이론입니다. 우리가 가진 다채로운 자질에 대해 파악하고 각자 자신이 가진 강점을 중심으로 행복한 삶을 추구하자는 것입니다.

셀리그만과 피터슨은 인간이 가질 수 있는 개성이자 강점으로 용기, 지혜, 절제, 인간애, 초월, 정의에 대해 이야기합니다. 이 강점들은 결코 '사람이라면 응당 갖춰야 할 특성들'이 아닙니다. 한 사람이 모든 강점을 가진다는 건 불가능한 일입니다. 아무리 훌륭하고 위대한 사람이라 해도 말이죠. 여섯 가지 중 한 가지만 갖춰도 우리는 한평생을 멋지게 살아갈 수 있습니다. 그 한 가지를 잘 살림으로써 우리는 창조를 할 수 있습니다.

자리를
양보하지 않는 용기

2012년 런던 올림픽, 우리나라의 양학선 선수가 도마 1차시기에 나섰을 때입니다. 숨을 고르며 마음을 다잡고 있는 양학선 선수 곁 전광판에는 노란색 글씨로 7.4라는 숫자가 찍혀 있었습니다. 이는 양학선이 시도하려 했던 기술의 난이도를 나타내는 점수로, 2012년 당시 가장 높은 난이도였습니다.

힘차게 도움닫기를 한 양학선은 공중에서 두 바퀴를 돌며 몸을 세 바퀴 비틀었습니다. 착지는 좋지 않았습니다. 앞으로 두 발이나 밀려 나갔으니까요. 양학선은 별로 마음에 안 든다는 표정을 지었습니다. 하지만 관중들과 선수들은 양학선에게 박수를 아끼지 않았습니다. 그들은 창조의 순간을 함께하고 있었거든요. 이때 양학선이 시도한 최고 난이도 기술의 이름은 '양학선 1'이었습니다. 이날 그는 자신이 개발한 최고 난이도 기술을 올림픽에서 선보였으며, 이로써 우리나라 최초의 체조 금메달리스트가 되었습니다.

스포츠는 잘하는 게 중요하지 창조적으로 하는 게 아니라고 생각하는 사람들이 있습니다. 하지만 스포츠 또한 새로운 기술과 스타일, 전술을 개발하고 구현하는 여러 창조자들의 손에서 꾸준히 진화하며 사람들에게 더 큰 감동과 재미를 선사합니다. 체조에서 신기술에 선수의 이름을 붙이는 이유도 그저 잘하는 선수가 아닌, 가장 창조적이었던 선수들의 이름을 기억하기 위해서입니다.

하지만 국제체조연맹은 그저 연습할 때 새로운 기술을 성공한 선수나 "제가 공중에서 두 바퀴 돌며 몸을 세 바퀴 비트는 기술을 구상했어요"라고 주장하는 이들의 이름을 기술에 붙여주지 않습니다. 반드시 세계선수권이나 올림픽 등 국제체조연맹이 주관하는 대회에서 해당 기술을 성공시켜야 합니다. 한마디로 체조 분야의 창조적 선수로 인정받기 위해서는 기술을 구상하고 연마할 뿐만 아니라 압박감이 심한 상황에서 기술에 도전하여 성공해 낼 수 있는 강한 멘탈을 갖추어야 한다는 뜻입니다.

이는 비단 스포츠에만 적용되는 이야기가 아닙니다. 모든 창조에는 아이디어와 기술을 창조적 산물로 완성해 내는 과정이 수반됩니다. 그 과정은 때론 너무 길어서 우리의 힘을 빼놓기도 하고, 때론 결과가 불확실해 우리의 의지를 시험하기도 하고, 때론 너무 어려워서 우리를 좌절시키기도 합니다.

창조는 담대하고 결단력 강하고 끈기 있는 사람들이 빛을 발하는 위대한 멘탈 게임입니다. 이때 빛나는 우리의 멘탈, 패기, 강직함, 끈기, 열정이 바로 '용기'입니다.

세상에는 용기 있는 사람만이 이끌 수 있는 변화가 있습니다. 지금으로부터 65년 전의 미국 남부로 한번 떠나볼까요? 굳건히 자리를 지키는 용기를 발휘해 미국 사회의 진화를 이끈 로자 파크스의 이야기를 들려드릴까 합니다.

1955년 어느 날, 앨라배마주 몽고메리에 살던 로자 파크스는 버스를 타고 퇴근하던 길이었습니다. 당시의 앨라배마를 비롯한 미국 남부에선 흑백 인종차별이 극심했습니다. 1955년에는 에멧 틸이라는 흑인 소년이 미시시피주에서 백인들에게 린치를 당해 죽음에 이르기도 했죠. 로자 파크스는 평소 흑인의 권리 신장에 관심을 가진 이였습니다. 에멧 틸의 죽음에 대해서도 크게 분노하고 있었죠.

로자 파크스가 올라탄 버스는 세 번째 정류장에 이르렀습니다. 차는 만석이 되어 승객들이 버스에 서서 타는 상황이 벌어졌죠. 그게 문제였습니다. 당시 몽고메리에서는 흑인 자리(뒤쪽 자리)와 백인

자리(앞쪽 자리)를 구분해 놓았
는데, 백인 자리가 꽉 찰 경우에
흑인들은 자기 자리를 백인에게
양보해야 했습니다. 그날도 이런
상황이 벌어졌죠. 파크스가 자리
에 앉아 있을 때 운전기사가 흑
인 자리 쪽으로 다가와 흑인 네
명에게 일어나라고 명령했습니
다. 다른 세 명은 일어났지만 파
크스는 그 순간 절대로 자리에
서 일어나지 않겠다고 다짐했습
니다. 그 순간 그녀는 에멧 틸이

흑인 민권운동의 기수인 마틴 루터 킹
과 함께한 로자 파크스. 그녀는 우리나
라 독립운동의 영웅들이나 우리나라 노
동운동 역사에 이정표를 세운 사람들처
럼 두려움을 넘어섬으로써 변혁을 이끈
인물입니다.

그녀와 함께 저항하고 있다고 생각했어요. 그녀는 버스 기사가 경
찰을 불러 끌고 가게 하겠다고 위협함에도 자기 자리를 지켰죠.

흑인이 경찰에 끌려가면 무슨 일을 당할지 모르는 시대였습니
다. 하지만 파크스는 용기 있게 꿋꿋이 자리를 지켰습니다. 파크스
가 경찰에 끌려간 뒤 몽고메리에서는 '몽고메리 버스 보이콧'이라
불리는 비폭력 저항운동이 시작됐습니다. 그리고 미국 역사상 유
래를 찾아볼 수 없는 거대한 사회운동인 흑인 민권운동이 이어졌
습니다.

13인의
아해

인류는 줄곧 역병과 싸워왔습니다. 엎치락뒤치락 접전을 펼치고 있죠. 어느 순간 인류가 완승한 듯 보이다가 또 어느 순간에는 역병이 돌연변이를 일으켜 반격을 가해 옵니다. 오늘날 코로나 바이러스가 변이를 거듭하며 인류의 숙적으로 부상하고 있듯이 말이죠.

하지만 이 오랜 싸움의 역사에서 인류가 꾸준히 우세를 굳혀왔다는 것 또한 사실입니다. 200년 전의 영국 사회를 들여다보면 확실히 이런 생각이 들 것입니다. 이 무렵 인류는 유구한 숙적이었던 천연두와의 싸움에서 우세를 점했을 뿐만 아니라, 다른 모든 역병을 이겨낼 수 있는 개념을 개발했습니다. 에드워드 제너라는 인물

다를수록 좋다

이 그 과정에서 결정적인 역할을 했죠.

당시 영국 사람들은 천연두의 공포로부터 자유롭지 못했습니다. 오늘날에는 완전히 박멸되었지만 당시 천연두는 치사율이 30퍼센트에 가까운 급성 전염병이었거든요. 천연두에 걸리면 고열이 나고 온몸에 발진이 돋아 딱지가 앉았습니다. 운이 좋아 살아남는다 해도 눈이 멀거나 얼굴이 얽는 등 후유증이 심각했죠.

에드워드 제너 이전에는 사람들이 인두법이라는 방법으로 천연두를 예방하려 했습니다. 인두법이란 일단 천연두 환자가 발생하기를 기다렸다가 그 사람의 딱지 부스러기를 으깨서 가루로 만든 후 멀쩡한 사람의 코 속에다 불어 넣거나 피부를 째서 뿌리는 방법입니다. 그러면 사람들은 가벼운 천연두를 앓다가 면역력을 갖게 되거나 혹은 너무 심하게 앓는 바람에 죽거나 했습니다. 인두법은 효과가 있는 천연두 예방법이었으나 치사율을 낮추는 게 관건이었습니다.

에드워드 제너는 천연두 예방에 관심이 많은 영국의 의사였습니다. 제너는 호기심 많고 실험정신이 투철하며 현상과 자료를 분석하는 눈이 탁월한 사람이었습니다.

당시 영국에는 소 젖 짜는 일을 하는 사람은 천연두에 걸리지 않는다는 괴담이 떠돌았습니다. 제너가 의사로 일하던 지방에도 소 키우는 농가가 많았죠. 지혜로운 제너는 이 괴담을 흘려 넘기지 않

있습니다. 그는 호기심을 느꼈습니다. 아직 아무도 의미를 알지 못하는 소문에 불과하지만 그 안에 지식이, 진리가, 돌파구의 열쇠가 숨겨져 있음을 직감했습니다.

제너는 소를 관찰하고 소 젖 짜는 사람들도 관찰했습니다. 소들은 사람의 천연두와 비슷한 질병에 걸리곤 했습니다. 특히 젖 부분에 수포가 생기고 고름이 나오는 증상을 종종 관찰할 수 있었죠. 소 젖 짜는 사람들이 소에게서 이 병을 옮아 천연두와 비슷한 증상을 보이는 경우도 있었지만 크게 앓거나 죽는 일은 드물었습니다. 그리고 이들은 절대로 천연두에 걸리지 않았습니다.

제너는 생각했습니다. 그렇다면 우유 짜는 사람들은 소에게서 이 천연두 비슷한 병(우두)을 옮아 앓았기 때문에 천연두에 걸리지 않는 게 아닐까? 우두는 천연두보다 훨씬 증상이 약해 사람이 충분히 이겨낼 수 있습니다. 만약 모든 사람이 일찌감치 우두를 앓는다면 독한 천연두에 걸려 고생하는 사람이 없어지지 않을까?

제너는 결심을 굳힌 뒤 자기 정원사의 여덟 살짜리 아들을 데려다가(요즘은 상상도 못 할 일이지만 때는 지금으로부터 200년 전이란 걸 기억하세요) 양팔을 조금씩 쨴 뒤 우두 딱지 추출물을 발라보았습니다. 소년은 곧 우두를 앓게 되었습니다. 천연두에 비하면 뭐 약간 가려운 수준이었지요. 소년이 우두에서 회복하자 제너는 천연두 환자에게서 나온 분비물을 접촉시켰으나 소년은 천연두에 걸리지

다를수록 좋다

않았습니다. 이런 과정을 거쳐 만들어진 것이 우두접종법이며, 세계 최초의 백신이자 예방접종이라는 개념 자체였습니다.

'지혜'란 제너가 보여준 것과 같은 호기심과 학구열, 너른 관점, 판단력, 실험정신을 뜻합니다. 지혜로운 사람은 다양한 현상과 지식에 관심을 갖고, 탐구하고, 다양한 관점에서 사안을 들여다보고, 다양한 자료를 균형 있게 고려하고, 필요한 때에는 새로운 기술을 시험하고 새로운 이론을 검증하길 주저하지 않습니다.

여러분이 지혜로운 사람인지 알아보는 좋은 지표가 있습니다. 친구들이 여러분에게 고민을 상담하러 오는지 보는 거예요. 여러분이 지혜로운 사람이라면 친구들이 어려운 문제를 풀 때, 어려운 과제에 도전할 때, 게임이 잘 안 풀릴 때, 정답이 없어 보이는 고민에 빠졌을 때 여러분을 찾아올 것입니다. 지혜로운 사람은 다른 사람들이 미처 생각지 못했던 부분을 짚어주며 새로운 해결 방안을 제안하는 데 능하기 때문입니다.

엘리베이터는 탑승자를 불편하게 만드는 물건입니다. 좁은 공간에 들어가 10층, 20층, 100층 높이를 오르내리기 위한 도구니까요. 폐쇄공포증을 느끼거나 불안감을 느끼기 쉽고, 왜 이리 오래 걸리나 발을 동동 구르게 되기도 합니다. 그러므로 좋은 엘리베이터는 빠르고 부드럽게 움직이면서도 안전에 빈틈이 없어야 할 것입니

| 엘리베이터 거울은 지혜의 힘을 보여주는 사례입니다. 기술적 문제를 심리적 관점에서 접근한다는 측면에서 보면 오늘날 중시되는 기술 분야 가운데 하나인 UI(유저 인터페이스, 사용자 경험) 분야와도 맥을 같이합니다.

다. 널찍하면 더 좋고요. 크고 빠르고 안전한 엘리베이터. 듣기에는 좋지만 뭔가 모순투성이인 것 같지 않나요?

엘리베이터 거울은 '좋은 엘리베이터'라는 목표 성취에 새로운 관점으로 다가간 발명품입니다. 엘리베이터 거울은 비효율적으로 큰 엘리베이터를 만들지 않고도 엘리베이터에 탄 사람들이 넓은 공간감을 느끼게 해줍니다. 양쪽 벽에 거울을 마주보게끔 달아놓으면 무한한 공간감을 창출할 수도 있죠. 또한 엘리베이터 거울을 보며 머리도 매만지고 "엘리베이터에만 타면 피부가 참 안 좋아 보인단 말야"하는 생각도 하며 시간을 보낼 수 있으니 지루함도 덜하고 공포감도 사라집니다. 한마디로 엘리베이터 거울은 엘리베이터의 기

다를수록 좋다

계적 속성이 아니라 탑승객의 경험 측면에서 문제를 바라봄으로써 만들 수 있었던 발명품입니다.

지혜로운 사람은 너른 관점과 호기심을 가진 사람이고 또한 저돌적인 실험정신을 가진 사람이기 때문에 가끔 사람들을 어리둥절하게 만드는 것들을 창조하기도 합니다. 흔히 말하는 것처럼 시대를 앞서간 창조를 해내는 거죠.

오늘날 우리나라 사람들 입에 가장 많이 오르내리는 문인의 한 사람인 이상도 그런 사람이었습니다. 백 년 전에 그가 쓴 작품은 요즘 사람이 읽어도 눈이 휘둥그레질 정도예요.

1934년 〈오감도〉가 처음 신문에 연재되었을 때 사람들이 어떤 반응을 보였을지 상상해 보세요. 당시는 일제 치하의 차별과 박해 속에서 한국 현대 문학의 선구자들이 한글 소설과 시의 전통을 세워나가던 무렵이었습니다. 어떻게 해야 힘 있고 아름다운 한글 문장을 쓸 수 있을지 궁리함과 동시에, 당대의 현실과 관련이 있는 주제를 구체적이고 사실적으로 다루는 문학을 바람직한 것으로 여겼죠. 그런데 이상이 독자들 앞에 내놓은 것은 다음과 같은 충격적인 시였습니다.

13인의아해가도로로질주하오.

(길은막다른골목이적당하오.)

제1의아해가무섭다고그리오.

제2의아해도무섭다고그리오.

제3의아해도무섭다고그리오.

제4의아해도무섭다고그리오.

제5의아해도무섭다고그리오.

제6의아해도무섭다고그리오.

제7의아해도무섭다고그리오.

제8의아해도무섭다고그리오.

제9의아해도무섭다고그리오.

제10의아해도무섭다고그리오.

제11의아해가무섭다고그리오.

제12의아해도무섭다고그리오.

제13의아해도무섭다고그리오.

13인의아해는무서운아해와무서워하는아해와그렇게뿐이모였소.

(다른사정은없는것이차라리나았소.)

그중에1인의아해가무서운아해라도좋소.

그중에2인의아해가무서운아해라도좋소.

다물수록 좋다

그중에2인의아해가무서워하는아해라도좋소.
그중에1인의아해가무서워하는아해라도좋소.

(길은뚫린골목이라도적당하오.)
13인∧의아해가도로로질주하지아니하여도좋소.

당시 〈오감도〉의 연재를 담당했던 인물은 한국 현대 문학의 아버지 가운데 한 사람인 이태준이었지만, 그조차 〈오감도〉를 지켜줄 수는 없었습니다. 〈오감도〉 연재는 독자들의 열화와 같은 항의 끝에 15회 만에 중단됐습니다.

호기심과 실험정신을 강점으로 가졌던 개성적인 작가 이상은 당대 독자들에게 큰 사랑을 받지는 못했습니다. 하지만 그는 세계 문학의 최첨단 사조였던 부조리극과 의식의 흐름 기법을 도입해 거침없이 실험함으로써 오직 그만이 보여줄 수 있었던 우리 문학의 독특한 가능성을 선보였습니다. 그런 이유로 우리가 오늘날까지 이상에 대해 이야기하고 그의 업적을 기리는 것이지요.

아는 길도
물어 가라

서로 다른 개성을 가졌던 두 사람의 협력 이야기를 하나 해볼까 합니다. 진화론을 탄생시킨 찰스 다윈과 앨프리드 러셀 월리스의 이야기입니다.

찰스 다윈은 신중한 사람이었습니다. 신학교에 다니던 시절부터 지리학과 박물학(다양한 생물의 특성과 분포를 연구하는 학문)에 관심을 두어 이 분야 선구자들의 연구를 두루 섭렵했습니다. 20대 때는 HMS 비글호를 타고 탐사 여행을 떠나 아메리카와 태평양과 아프리카의 생물들을 관찰했죠. 오랜 탐험 끝에 다윈은 "모든 종은 다른 종으로 변화해 나간다"라는 진화론의 근본 개념을 확립했습니다.

다를수록 좋다

하지만 다윈이 진화론의 교범이라 할 수 있는《종의 기원》을 출판한 건 그가 50세에 이르렀을 때였습니다. 다윈은 방대한 자료를 수집해 꼼꼼히 살피는 일을 중시했습니다. 구상하고 있는 이론의 세부 사항이 유기적으로 맞아떨어지고 자료를 통해 뒷받침될 때까지 연구해야 직성이 풀리는 사람이었지요. 이는 엄청난 연구량을 필요로 했기에 다윈은 연구 도중에 종종 과로로 드러누워 "책을 한 글자도 보지 마시오"라는 의사의 엄명을 받기도 했습니다. 이런 다윈의 꼼꼼함과 신중함과 끈기 속에서 진화론은 완전한 모습을 갖춰 가고 있었습니다.

반면 앨프리드 러셀 월리스는 다윈과 달랐습니다. 월리스는 고등교육을 받지 못했으나, 영국의 생물을 채집하고 분류하며 자기만의 생물 분류 체계를 만든 재기발랄한 인물이었습니다. 호기심 많고 남부럽잖은 열정과 끈기를 지닌 월리스는 남아메리카와 동남아시아의 자연과 생물을 관찰하며 독특한 아이디어들을 산출할 수 있었습니다. 대표적인 게 바로 동남아시아 정글에서 말라리아를 앓으며 떠올린 '자연선택' 개념이었죠. 인도네시아의 정글이 자신에게 말라리아를 안겨주었듯 환경은 종에게 압력을 가한다는 것입니다. 이 압력에 적응한 종은 살아남고 그렇지 못한 종은 멸종한다. 이런 식으로 종은 주어진 환경에 보다 적합한 형태로 변화해 간다. 이것이 월리스가 떠올린 아이디어였습니다.

월리스는 자신의 아이디어를 정리해 다윈에게 보냈습니다. 다윈이 종의 진화를 주제로 이론을 구축하고 있다는 사실을 알고 있었거든요. 월리스는 자신의 아이디어가 다윈의 연구에 도움이 되길 바랐습니다. 월리스가 자연선택이란 아이디어를 얻기까지 가장 많이 참고를 한 게 다윈의 연구였으니 이에 대한 감사의 의미도 담겨 있었을 것입니다.

편지를 받은 다윈은 자신이 발표를 미루고 있었던 아이디어와 월리스의 아이디어가 완전히 똑같다는 사실에 충격을 받았습니다. 그는 월리스의 아이디어를 정리해 학계에 소개하는 한편, 자기도 그러한 연구를 했다는 점을 동료들 앞에서 강조했죠. 그리고 이 신중한 연구자는 과감한 후배로부터 자극을 받아 드디어 자신의 연구를 세상에 내놓을 결심을 합니다. 얼마 뒤 다윈은《종의 기원》을 출판했습니다. 월리스는 자신의 아이디어가 훌륭한 업적으로 귀결되었다며 기뻐했습니다. 인류 역사상 가장 중요한 저작 가운데 하나로 꼽히는《종의 기원》이 출판되기까지, 신중한 인물은 과감한 인물을 보듬을 필요가 있었고 과감한 인물은 신중한 인물의 엉덩이를 걷어찰 필요가 있었던 것입니다.

우리는 월리스가 호기심과 실험정신, 너른 관점 등 지혜의 강점을 지닌 사람이라는 것을 알 수 있습니다. 재기발랄하고 실험정신이 강한 이들은 자신이 만들고 싶은 것을 신나게 마음껏 만들어 냅니다. 이들이 만든 것 중에는 세상 사람들에게 도움이 되는 지식과 발명품도 있고 쓸모없는 것들도 있게 마련이죠. 얼마간의 낭비를 감수하고서라도 다양한 시도를 통해 돌파구를 열고 생각지 못했던 곳에서 창조를 이루어 내기에 좋은 개성입니다.

반대로 찰스 다윈과 같은 사람은 누가 시키지 않아도 스스로를 돌아보고 자기가 하는 일을 반성적으로 고찰할 줄 압니다. 이런 개성을 지닌 사람들은 세상에 뭘 내놓기 전에 먼저 자기 눈에 찰 때까지 가다듬습니다. 그래서 쓸모없는 것들을 생산하는 일이 드물죠. 조금 느리고 덜 발랄해 보이는 대신에 완성도 높은 지식과 걸작을 만들어 냅니다.

영국의 시인 토머스 엘리엇의 시 〈황무지〉도 그러한 협력으로 완성되었습니다. 엘리엇은 20세기 시문학에 가장 큰 변화를 가져온 인물로 꼽힙니다. 특히 대표작 〈황무지〉는 상징주의, 의식의 흐름 기법, 메타 문학 등 많은 화두를 던져준 시입니다. 그 첫 행인 "4월은 가장 잔인한 달"은 역사상 가장 유명한 시구 가운데 하나죠.

〈황무지〉는 433행으로 이루어진 시입니다. 하지만 원래 엘리엇은 이 두 배 분량의 시를 썼습니다. 그리고 친구이자 당대의 시문학을 이끌었던 시인인 에즈라 파운드와 함께 이 시를 고쳐나갔죠. 에즈라 파운드는 "4월은 가장 잔인한 달"이라는 행 앞에 있던 54행을 지워버리라고 조언했습니다. 만약 저 54행이 그대로 남아 있었다면, 그래서 〈황무지〉가 "4월은 가장 잔인한 달"이라는 행으로 시작되지 않았다면, 시문학의 역사가 바뀌었을 수도 있습니다.

앞서 살펴본 이상의 경우와 이번 엘리엇의 경우를 비교해 보세요. 재기발랄한 창조자 이상이 과감한 실험으로 한국 문학에 충격을 던졌다면 엘리엇과 파운드는 꼼꼼하고 절제된 작업으로 걸작을 탄생시켰습니다. 개성적인 작가들이 이처럼 자신만이 이룰 수 있는 창조적 업적을 끝없이 산출하기에 인류의 문학은 결코 정체될 수 없습니다.

찰스 다윈이나 토머스 엘리엇이 보여준 것처럼 스스로를 잘 통제하고 반성할 줄 아는 자질이 바로 '절제'입니다. 절제는 여러 가지 형태로 발현되어 우리의 개성을 이룹니다. 다윈과 엘리엇에게서는 자신들의 작업을 신중히 검토해 높은 완성도를 달성하는 모습으로 드러났죠. 또한 자기통제 능력은 겸손의 형태로 나타나기도 합니다. 겸손한 사람은 스스로 무언가를 이루었다는 이유로 과도한 관심과 칭찬, 보상을 추구하지 않죠. 뛰어난 업적을 이룬 뒤에도 이를 내세우지 않고 주변의 관심을 끌려 하지 않으며 오히려 공을 동료나 주위 사람에게 돌리기도 합니다.

그리고 절제의 강점이 가장 고귀한 행동으로 승화되는 경우가 용서입니다. 용서는 분노와 슬픔 등의 강렬한 부정적 정서에 휩쓸

다룰수록 좋다

리지 않는 데에서 출발합니다. 감정에 휩싸여 눈이 뒤집힌 사람이 남을 용서하는 건 불가능하니까요.

절제의 강점을 가진 사람은 복수에 나서기보다는 자신에게 잘못을 저지른 사람의 사정을 이해하려 하고 이들에게 만회할 기회를 줄 방법은 없는지 생각해 봅니다. 이는 아주 힘든 일입니다. 더군다나 잘못을 범한 사람들 가운데 상당수는 자신의 과오를 뉘우치는 기색을 보이거나 앞으로도 그럴 것 같은 느낌을 주지 않는 경우가 많거든요. "왜 나만 용서해야 해?", "쟤는 반성도 안 하는데 내가 왜 용서해야 하지?" 이런 생각에 빠지기가 쉽습니다.

그래서 용서는 어렵고도 고귀한 일입니다. 용서할 줄 아는 사람이란 남이 무슨 일을 해도 받아들이고 늘 당하고만 있는 사람이 아닙니다. 이들은 용서와 관용을 통해 잘못을 저지른 사람이 잘못을 깨닫고 만회할 마음을 먹도록 만들 줄 아는 사람들입니다. 때로는 잘못한 사람들을 엄히 꾸짖을 줄도 알죠. 이를 통해 잘못을 범한 사람이 뉘우치며 화해의 신호를 보내올 때 이를 흔쾌히 받아들이는 것입니다. 용서란 우리 생각보다 훨씬 적극적인 활동이자 고귀한 강점입니다.

오늘날 용서의 대명사로 여겨지는 넬슨 만델라를 보세요. 그는 혹독한 인종분리 정책인 남아프리카공화국의 '아파르트헤이트'에 저항하다가 1964년부터 1990년까지 감옥에 갇혀 있었습니다. "여기서 나가면 백인들을 다 쓸어버리겠어"라고 결심하고도 남을 긴 세월을 감옥에서 보내고도 만델라는 용서의 길을 갔습니다.

1990년에 비로소 자유를 얻은 만델라는 비폭력주의와 협상 노선을 굳건히 하며 지지자들을 다잡았습니다. 협상을 통해 아파르트헤이트를 끝내기 위해 아프리카 각국과 세계를 순회하며 남아공의 현실에 대한 관심을 불러일으키고 국제적 동조를 이끌어 냈죠. 4년간의 부단한 노력 끝에 아파르트헤이트 철폐를 이룬 만델라는 흑백 모든 국민을 아우르는 보통선거를 통해 남아공 최초의 흑인 대통령으로 당선됩니다.

아파르트헤이트 정책을 폈던 백인 기득권층은 만델라가 대통령이 된 후에도 과거에 자신들이 저지른 일에 대해 사과하지 않았고, 죄책감도 느끼지 않았습니다. 만델라가 운동가들의 비공식 국가였던 〈주여, 아프리카를 축복하소서〉와 옛 국가를 합쳐 새로운 국가를 만들자 백인들은 이를 테러리스트 노래라며 거부하고 옛 국가만을 불러댔습니다. 머지않아 만델라가 백인들을 박해하고, 추방하고, 학살할 거라며 끊임없이 사회적 불안감을 조성했죠.

이때 만델라가 드러낸 위대한 자질이 바로 용서였습니다. 그는 27년 동안 자신을 감옥에 가두었던 이들을 용서했습니다. 정치적 보복을 하기는커녕 그들을 새로운 국가의 동반자로 받아들였죠. 만델라는 흑인뿐만 아니라 온갖 인종과 부족이 어울려 살아가는

'무지개의 나라'를 꿈꿨습니다. 그는 운동가 동지들을 설득해 백인들에게 보복하지 말고 그들과 더불어 논의하고 그들의 문화를 존중하도록 이끌었습니다.

그제야 진정한 변화가 나타났습니다. 백인들은 부끄러움을 느꼈고, 자신들의 편협한 관점보다 훨씬 나은 비전을 가진 인물이 그들의 대통령이 되었다는 사실을 깨달았죠. 그들은 흑인들에게 사과를 했고, 흑인들은 백인들을 용서할 수 있었습니다. 그리하여 오늘날 남아공에서 흑백 갈등이 없어졌다거나 남아공이 지상낙원이 되었다는 것은 아닙니다. 흑백 화합을 향한 남아공의 행보는 아직도 진행 중입니다. 하지만 만델라는 적극적인 용서로써 남아공을 극심한 차별과 끔찍한 폭력이 난무하던 땅에서 무지개를 꿈꾸는 나라로 변화시키고 아프리카 여러 나라의 정치 발전에 새로운 가능성을 제시할 수 있었습니다.

이해해야 사랑할 수 있다
사랑해야 도울 수 있다

20세기 중반에 활약한 저명한 인류학자 루이스 리키는 인류의 진화 과정을 명확히 밝히고 싶어 했습니다. 이를 위해선 세계 각지의 유인원에 대한 자료 수집이 필수적이었죠. 이에 리키는 세 명의 여성 연구자 제인 구달, 다이앤 포시, 비루테 갈디카스를 선발해 각각 침팬지, 고릴라, 오랑우탄의 서식지를 찾아가도록 합니다.

리키가 세 명의 연구자를 고른 기준은 용기와 끈기였습니다. 어려운 환경 속에서 꾸준한 관찰을 필요로 하는 연구였으니까요. 리키가 선발한 세 명의 연구자에게는 인내와 용기 외에도 특별한 강점이 있었습니다. 인간의 경계를 넘어선 공감과 연결의 능력이었습니다.

이 가운데 심리학자들에게 가장 친숙한 인물은 제인 구달입니다. 제인 구달은 처음 아프리카에 들어간 1960년부터 오늘날까지 침팬지 연구를 계속하고 있습니다. 그녀가 심리학자들 사이에서 독보적인 지위를 차지하고 있는 건 침팬지들에게도 성격이 있고, 세련된 감정 체계가 있으며, 명확한 의사소통 방식이 있고, 사회 체계를 유지하는 잘 짜인 메커니즘이 있다는 사실을 밝혀냈기 때문입니다. 인간의 심리와 진화, 인간성을 바라보는 우리의 시야를 크게 확장시킨 거죠.

연구 과정에서 구달은 단순히 침팬지의 행동과 의사소통 방식을 관찰하기만 한 게 아니라 그들에게 마음을 열고 그들을 가족으로 받아들임으로써 침팬지들 또한 자신을 가족으로 받아들이게 만들었습니다. 침팬지는 구달을 안아주고 먹을 것을 나누기도 했으며 때로는 뒤통수를 툭 치며 "하지 마"라고 말하기도 했습니다(침팬지는 힘이 셉니다. 구달은 이때 뒤통수를 맞고 목이 부러질 뻔했다고 합니다). 구달도 자신의 감정과 의사를 침팬지들에게 전달할 수 있었죠. 침팬지들을 보다 깊게 이해하고 감정적으로 포용함으로써 구달은 다른 이들이 흉내 낼 수 없는 연구 방법을 수립하고 고유한 연구 결과로 연결시킬 수 있었습니다.

이처럼 제인 구달은 우리의 공감 능력과 특별한 관계를 만들고

제인 구달은 평생을 침팬지와 함께하며 말 못하는 동물들을 대변했습니다. 이 책은 침팬지 연구 50주년을 기념해 그녀가 걸어온 여정을 기록한 사진집입니다.

유지하는 능력이 인간이라는 종의 테두리를 넘어서 지구상의 모든 생물로 확장될 수 있음을 보여준 인물입니다. 그러면서 우리에게도 우리의 친절과 사랑을 지구상의 모든 존재로 확대하라고 꾸준히 이야기하는 사람입니다. 구달의 초월적인 친절과 사랑은 지난 수십 년간 꾸준히 강화되어 그녀만의 생태주의 철학으로 승화되었습니다. 그녀가 우리에게 해주는 말 몇 가지를 여기 옮겨봅니다.

"이해해야 사랑할 수 있다. 사랑해야 도울 수 있다. 도와야만 우리는, 구원받을 수 있다."

"내가 할 일은 스스로를 대변할 수 없는 존재들을 대변하는 것이다."

다듬수록 좋다

"우린 우리가 얼마나 공감하고 돕고 사랑할 수 있는지 아직 조금도 깨닫지 못했다."

제인 구달이 보여준 초월적인 친절과 사랑이 바로 '인간애'입니다. 이는 우리 내면의 따뜻함을 나타내는 강점이며 또한 우리의 이해력과 공감 능력을 가리키는 강점입니다. 남을 돕고 사랑하면서 별다른 보답을 바라지 않는 성품을 뜻함과 동시에 남의 사랑을 받아들여 긴밀한 관계를 유지하는 능력을 뜻하지요.

우리는 "이해해야 사랑할 수 있다. 사랑해야 도울 수 있다. 도와야만 우리는, 구원받을 수 있다"라는 제인 구달의 말을 잘 생각해 볼 필요가 있습니다. 제인 구달이 보여주었듯이 이는 사랑과 구원에 대한 이야기일 뿐만 아니라 창조에 대한 이야기이기 때문입니다.

우리는 사람들이 무엇을 필요로 하는지, 사회가 어떤 것을 요구하는지 이해함으로써 창조할 수 있습니다. 창조함으로써 우리는 사람들을 도울 수 있죠. 도와야만 창조자는 행복을 누릴 수 있습니다. 인간애는 다른 존재를 이해하는 능력이자 이들을 돕고자 하는 강한 동기이며, 또한 다른 이들을 돕는 슬기로운 방법을 찾아내는 능력입니다.

사람들의 마음을 이해하고 사람들을 돕는 방법을 찾아내는 능

| 간디의 소금 행진 모습입니다. 영국은 인도의 소금 생산을 독점하고 소금에 높은 세금을 부과했습니다. 이에 간디는 동지들과 함께 구자라트주 해안을 행진하며 직접 소금을 만드는 방식으로 저항에 나섰습니다. 영국은 간디를 체포하고 소금 항쟁에 참여한 많은 인도인을 무자비하게 진압해 공분을 샀습니다. 인도 독립에 대한 세계인들의 관심 또한 높아졌죠.

력은 창조의 강력한 추진제입니다. 또한 제인 구달의 사례처럼 다른 누구와도 같지 않은 독특한 창조를 하게 만드는 자질이기도 합니다. 그래서 요즘은 인간의 창조성을 연구하는 학자들이나 사회의 여러 기업과 조직에서 우리의 인간애와 사회 지능을 강조하곤 합니다. 사람들의 마음을 깊게 이해함으로써 이들을 이끌고 변화를 일구어 냈던 역사적 리더들의 이야기도 많이 참고하죠.

이런 맥락에서 많은 주목을 받는 인물로는 비폭력 저항운동이

다를수록 좋다

라는 강력한 사회 운동을 창안해 많은 동시대인과 후대인들에게 영향을 미친 마하트마 간디를 꼽을 수 있습니다. 20세기 초반, 식민 지배층인 영국인들과 피지배층인 인도인들 사이에는 많은 충돌과 갈등이 있었습니다. 간디는 갈등이 발생한 곳이면 어디든 뛰어들어 인도인의 편에 서서 싸웠죠.

쉬운 일은 아니었습니다. 인도 사람들은 어떻게 투쟁해야 할지를 알지 못했고 영국인들은 인도인들의 투쟁을 용인할 마음이 없었거든요. 더군다나 인도인들은 종교와 민족에 따라 여러 분파로 나뉘어 단결된 힘을 발휘하지 못했습니다. 간디는 힌두교도, 무슬림교도, 시크교도들의 마음을 사로잡아야 했고 이들 모두가 함께할 수 있는 도덕적인 투쟁 방향을 제시해야 했습니다. 또한 압제자 영국인들의 마음을 움직여 인도 독립을 수용하도록 만들어야 했습니다.

간디의 비폭력 불복종 운동은 다양한 인도인들이 모두 수용할 수 있는 투쟁 방향이었습니다. 강렬하고 도덕적이고 통합적이었고, 변화를 이끌어 내는 실질적인 힘을 보여주었죠. 또한 이는 여러 서양인들을 감화시켜 인도의 상황을 돌아보게 만들었습니다. 1930년 미국인 기자 웹 밀러는 간디의 소금 행진을 다룬 기사를 써서 인도 독립에 대한 서양인들의 관심을 불러일으켰습니다.

창조자들의 전기 연구로 유명한 심리학자 하워드 가드너는 간디가 인도인들에게 그들 삶의 정수를 이루는 이야기를 설득력 있게 전달했던 인물이라고 이야기합니다.

"간디는 가상적인 시나리오를 말하는 데 그치지 않고 그의 삶과 태도, 생활 습관 속에서 구체화했다. 그는 영국을 악마로 만들지도, 인도를 추켜세우지도 않았으며, 양측의 요구 사항을 있는 그대로 드러내고자 했다."

"간디는 정치와 종교의 개혁가였지만 사람들의 믿음과 신념을 바꾸려 하지 않았다. 그 대신 다양한 배경을 가진 평범한 사람들에게 인간 본성에 대해, 분쟁을 해결할 방법에 대해 보다 나은 이야기를 들려주었다."

브로콜리의
미학

예로부터 과학자들은 수학적 아름다움에 사족을 못 쓰는 경향이 있었습니다. 혹시 여러분이 물리학자나 수학자를 만날 기회가 있다면 '대칭'이라든지 '허수'와 같은 주제를 꺼내보세요. 이들이 과학자인지 철학자인지 예술가인지 아리송해지는 이야기들이 튀어나올 것입니다.

어떤 사람들은 자연의 신비에 마음을 빼앗긴 나머지 이를 증명하려다가 진리를 발견하기도 했습니다. 케플러 3법칙을 발견한 요하네스 케플러가 그 대표적인 예죠.

케플러는 우주가 아름다운 수학적 원리에 따라 만들어진 것이

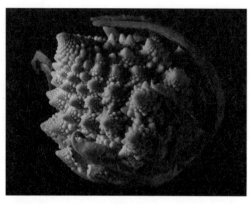

| 자연계에 존재하는 프랙털 형태 가운데 하나인 로마네스코 브로콜리입니다. 프랙털이란 부분의 모양이 전체의 모양을 닮은 채 한없이 반복되는 것을 뜻하는 기하학 용어입니다. 각종 식물의 생김새와 구름과 번개의 모양, 해안선의 모양 등 다양한 생물과 자연현상에서 관찰할 수 있기에 자연의 기하학이라 불립니다. 프랙털은 여러 수학자와 과학자를 창조의 길로 끌어들이는 아름다운 자연 법칙 가운데 하나입니다. 여러분도 당장 브로콜리를 들여다보며 프랙털이 뭔지 알아보고 싶어지셨나요?

라고 믿었습니다. 그는 이 원리를 '조화'라고 불렀죠. 우주의 조화를 찾아내는 것이야말로 케플러 평생의 목표였습니다.

케플러가 활약하던 무렵은 니콜라우스 코페르니쿠스의 지동설이 유럽에 퍼져나가고 있을 때였습니다. 케플러는 지동설을 신봉했습니다. 태양이 지구 주위를 돈다고 생각하면 행성들의 궤도가 비뚤배뚤 조화롭지 못하지만, 반대로 지구가 태양 주위를 돈다고 생각하면 행성들의 운동을 훨씬 잘 설명할 수 있었기 때문입니다.

케플러는 태양계 행성들이 이루는 조화가 무엇인지 찾아내기 위해 20년 넘게 연구에 매진했습니다. 결국 그는 태양계의 행성들

다를수록 좋다

이 '우주의 음계'를 연주하며 태양 주위를 돌고 있고, 이것이 인간의 영혼과 공명해 조화를 빚어낸다는 이론을 세웠습니다. 오늘날 점성술이라고 불리는 분야죠. "올해는 천왕성이 황소자리를 통과해 이동하니 여성 인권이 신장될 거야"라고 이야기하는 점술 말입니다.

하지만 케플러는 신비로운 조화의 증거를 선보이는 과정에서 케플러 3법칙을 명시함으로써 인류의 과학 발전에 지대한 공을 세웠습니다. 케플러 3법칙은 행성의 타원 궤도와 관련된 세 가지 법칙입니다. 그중 가장 중요한 것은 세 번째 법칙인 '조화의 법칙'이죠. 이는 "행성의 공전주기의 제곱은 행성 궤도 긴반지름의 세제곱에 비례한다"라는 법칙입니다. 케플러는 행성 궤도에 이런 원리가 숨어 있다는 사실이야말로 우주에 조화가 존재하며 행성들이 우주의 음계를 연주하고 있다는 증거로 삼았습니다. 이 조화의 법칙을 수학으로 뒷받침한 사람이 아이작 뉴턴이며, 그런 뉴턴으로 하여금 걸작을 쓰게 만든 사람이 에드먼드 핼리입니다. 《프린키피아》한 권을 완성하기 위해서는 적어도 점성술사 한 명과 골방의 천재 수학자 한 명, 그리고 오지랖 넓은 팀 플레이어 한 명이 필요했다는 뜻이죠.

요하네스 케플러가 보여주는 영적인 미의식이 '초월'입니다. 초월이란 우리의 자아를 확장하여 인류, 문명, 자연, 영적인 세계와 관계 맺도록 해주는 특성입니다. 이를테면 예술, 문학, 기술 등 인간의 뛰어난 창작물을 감상하고 이를 만들어 낸 인간의 능력에 감탄할 줄 아는 능력이 초월의 강점입니다. 우리를 둘러싼 자연이 선사하는 아름다움을 즐길 줄도 아는 사람도 초월적인 감각을 지닌 사람이죠.

우리가 누리는 행복을 인지하고 우리를 행복하게 해주는 것들에 감사를 표하는 능력 또한 초월적 강점입니다. 감사를 통해 우리는 지구상의 모든 생명체들과 연결되고 모든 존재들에게 돌려주기 위한 창조적 성취를 이루기도 합니다.

'마음다함'의 철학을 수립한 선불교 승려 틱낫한 또한 초월의 강점을 지닌 인물입니다. 틱낫한은 베트남 전쟁이 터졌을 때 세계를 돌며 평화운동을 펼쳤습니다. 그 때문에 전쟁이 끝난 후 통일 베트남 정부로부터 입국 금지를 당했죠. 틱낫한은 고향을 잃고 떠도는 신세가 됐습니다.

그러나 틱낫한은 언제나 다른 생명체들과 어울려 존재하고자 하며 감사할 줄 아는 사람이있습니다. 밥을 먹을 때면 농사를 지은 농부들의 수고와 땅과 비와 바람의 노고를 생각하고 쌀알에게 감사를 표하며 먹었죠. 사람은 다른 생명체와 어울려 존재하기에 행복하다며, 이런 연결을 경험하고 감사를 표현함으로써 스스로의

다를수록 좋다

행복과 인류의 평화와 지구의 회복을 이루어낼 수 있다고 설파했습니다.

그는 이런 자질을 고스란히 마음다함의 철학으로 승화했습니다. 이는 세계 각지의 많은 이들에게 치유와 행복의 길을 가르쳐준 혁신적인 수행법으로, 현대 의학과 심리학 및 교육학 등에도 응용되어 트라우마와 우울증을 치료하고 행복한 교실을 만드는 데 도움을 주고 있습니다.

틱낫한의 사례를 통해 우리는 또 다른 사실 한 가지를 알 수 있습니다. 우리의 초월적 강점은 가장 힘든 시기에 우리가 의지할 수 있는 희망의 빛이 된다는 사실입니다. 틱낫한은 감사를 통해 이 시기를 이겨내고 창조적 작업으로 나아갔습니다. 30년 가까운 세월을 감옥에서 보내면서도 남아프리카공화국의 밝은 미래를 구상했던 넬슨 만델라와 극심한 인종차별 속에서 변화를 위해 행동했던 로자 파크스 또한 고귀하고 초월적인 목표에 매진함으로써 어려움을 이겨낼 수 있었습니다.

우리는 《어린왕자》를 통해서도 희망을 이야기할 수 있습니다. 이 불후의 명작을 쓴 앙투안 드 생텍쥐페리는 늘 자유롭게 비행하고 싶어 했던 사람입니다. 그는 장거리 비행을 하며 조종석에서 책을 읽고 글을 쓰는 일을 사랑해 마지않았습니다. 하늘을 날며 인간과 사회에 대해 생각하는 게 생텍쥐페리 삶의 낙이었죠.

2차 세계대전 당시 나치 독일이 프랑스를 침공했을 때 생텍쥐
페리는 사랑하는 모든 것을 빼앗겼습니다. 조국을 잃고 비행기를
몰 수 없게 되었습니다. 생텍쥐페리가 쓴 책들은 금서 처분을 받았
죠. 이에 생텍쥐페리는 미국으로 가 그곳에서 미국의 참전을 독려
하는 운동을 펼칩니다.

생텍쥐페리가 《어린왕자》를 쓴 게 이 무렵입니다. 《어린왕자》
에서 그는 본질적 인간성은 감추어져 있다고 말하고, 이 사실을 잊
어버린 '어른'들이 보이는 갖가지 어리석은 행각을 드러냈습니다.
《어린왕자》는 독자들로 하여금 자신들이 저지르고 있는 돌이킬 수
없는 행동들, 전쟁과 파괴와 몰이해와 방관을 반성하도록 만드는
날카롭고도 따뜻한 작품입니다. 어두운 역사가 조국을 휩쓸고 인
간성에 대한 믿음이 흔들리던 시기에 고귀한 희망을 담아 쓴 작품
입니다.

다를수록 좋다

함께할수록
빛난다

우리나라 현대 문학의 아버지 가운데 한 명인 김동리는 청렴결백하고 강직한 인물이었습니다. 옳지 않다고 생각하는 일은 하지 않았고, 그로 인해 고통을 겪고 가난에 시달린다 해도 뜻을 굽히지 않았습니다. 1940년대의 대표적인 친일 문화 조직인 문인보국회와 국민문화연맹에 가입하지 않음으로써 모진 탄압을 받았습니다. 신문에 투고한 소설은 전문 삭제를 당하고 가택 수색을 당했으며 교편을 잡고 있던 학교가 폐쇄되는 일까지 겪었습니다. 그러나 광복을 맞이할 때까지 절필을 하고 빈곤한 삶을 감수할지언정 스스로 옳지 않다고 여긴 일을 하지 않았습니다.

마찬가지로 김동리는 다른 사람의 작품을 평할 때 좋으면 좋다고 말하고 나쁘면 나쁘다고 말해야 하는 사람이었죠. 이야기를 듣는 상대방 기분이 어떻든 간에요. 그래서 김동리와 가까운 선후배 관계를 맺었던 이문구는 "선생의 작품주의적 엄격성은 차라리 '안면몰수주의'에 가까워서 일찍이 너나들이를 했던 사이마저 뜨악한 관계로 변한 예도 없지 않았을 정도였다"라고 말했습니다.

김동리는 강직한 사람임과 동시에 공정한 사람이었습니다. 그는 편 가르기에 관심이 없었고, 자신과 입장이 다르고 진영이 다른 사람들에게도 공정한 평가를 내렸습니다. 이를테면 김동리는 스스로 친일 행각을 벌이지 않았지만, 친일 작가로 지탄받는 다른 작가들을 변호하기도 했습니다. 개중에는 강압에 못 이겨 글을 쓴 사람도 있고, 친일 매체에 게재된다는 걸 모르고 글을 넘겼다가 친일파로 찍힌 인물도 있다는 거였죠. 또한 김동리는 분단 시대의 대표적인 우파 문인이었지만 좌파 문인들에 대해서도 항상 공정한 평가를 내렸던 것으로 유명합니다.

정직과 공정함을 바탕으로 김동리는 스스로를 채찍질해 훌륭한 작품들을 썼을 뿐만 아니라 다른 작가들의 성장에도 결정적인 역할을 했습니다. 김동리는 좋은 작품을 쓰는 작가라면 출신이나 자신과의 친분 유무를 따지지 않고 그들의 작품을 대중에게 내보이는 데 앞장섰습니다. 그는 대한민국 문학가들의 요람이라 할 수 있는 서라벌예술대학 문예창작과(오늘날의 중앙대학교 문예창작과)에서 많은 문인을 키워냈습니다. 또한 작가들의 작품을 세상에 소개하는 핵심 매체였던 문학잡지들을 발행하기도 했지요. 김동리가 세상에 소개한 작가 중 우리 현대 문학에 중요한 기여를 한 작가만 해도 《토지》의 박경리와 《젊은 느티나무》의 강신재, 《우리 동네》의 이문구 등이 있습니다.

'정의'란 이처럼 스스로의 발전뿐만 아니라 주위 여러 창조자들의 성장을 촉진해 창조적 공동체를 일구도록 하는 공정함, 리더십, 협동심을 가리킵니다. 내가 좋아하는 사람이든 싫어하는 사람이든, 나와 가까운 사람이든 생판 모르는 남이든 모든 사람을 공평하게 대하고, 이끌고, 그들과 협력할 수 있는 자질이죠.

정의로운 협동심이 빛을 발했던 역사적 사례를 한 가지 더 소개하고 싶습니다. 아이작 뉴턴의 책 《프린키피아》를 출판했던 사람에 대한 이야기입니다.

1680년대 영국에는 혜성처럼 떠오르는 과학자가 있었습니다. 바로 에드먼드 핼리입니다. 핼리는 20대 중반의 나이에 한 혜성의 궤도를 연구해 이 혜성이 75년 전과 150년 전에 관측되었던 것과 동일한 혜성이라는 주장을 펼쳤습니다. 이후 이 혜성은 그의 이름을 따 핼리 혜성으로 불리게 되었습니다.

핼리의 주된 관심사는 혜성과 행성의 운동에 숨어 있는 물리적 원리를 찾아내는 것이었습니다. 혜성도 행성도 다 같은 물체라고 본다면, 이 물체들 사이에 어떤 힘이 어떻게 작용해 고유한 궤도를 만드는지 궁금했던 것입니다.

이 문제는 핼리뿐만 아니라 아이작 뉴턴과 로버트 후크 등 당대 영국의 뛰어난 학자들이 모두 연구 주제로 삼은 것이었습니다. 그래서 핼리는 케임브리지 대학으로 뉴턴 선생을 찾아가 이 주제에 대한 뉴턴의 의견을 구했습니다. 뉴턴은 자기가 이미 답을 찾았다며 오늘날 세상 사람들이 다 아는 만유인력의 법칙을 제시했습니다. 호기심과 학구열을 품고 뉴턴을 찾아간 핼리는 깜짝 놀랐죠.

여러분이 핼리의 입장이라고 생각해 보세요. 혜성처럼 떠오르는 천문학자로, 당대의 여러 과학자들이 가장 궁금해하는 문제에 대해 고민하고 있습니다. 그리고 어떤 중견 학자가 이 문제의 답을 찾았지만 정작 본인은 그걸 가지고 뭘 어찌해야겠다는 생각이 없는 상태입니다. 많은 경우 여러분은 자신이 나서서 뭔가 해야 한다는 생각을 하지 못할지도 모릅니다. 혹은 이 중견 학자의 아이디어를 가로채 자신의 업적으로 삼고자 하는 마음이 들지도 모릅니다.

핼리의 선택은 뉴턴이 그 답을 책으로 출판하도록 돕는 것이었습니다. 이 젊은 학자는 40대에 들어선 뉴턴의 리더이자 동료가 되어 뉴턴이 《프린키피아》를 쓰도록 만들었습니다. 뉴턴이 힘들어하면 격려해 주고 관측 자료도 제공했죠. 출판과 관련된 각종 잡일을 도맡은 것도 핼리였습니다. 결국 핼리는 《프린키피아》의 출판 비용을 모두 대면서까지 뉴턴의 업적을 세상에 선보이고자 노력했습니다.

핼리는 공정하고 강직한 인물로 다른 사람의 노력과 능력과 업적을 정확히 평가할 줄 알았습니다. 그리고 공이 있는 사람에게 공을 돌릴 줄을 알았죠. 그는 《프린키피아》 출판이라는 공통의 목표를 제시하고 이를 성취하기 위해 동료를 이끌어나가는 리더였습니다. 또한 뉴턴이 필생을 업적을 완성하도록 노고를 아끼지 않은 팀원이기도 했습니다.

오늘날 우리는 예술이 심오해지고 기술이 발전하면서 개인의 힘으로는 창조적 산물을 만들기 어려운 세상에 살고 있습니다. 이제 '내가' 창조하는 세상이 아닌 '우리가' 창조하는 세상이 왔다는 뜻입니다. 그러니 개성적인 이들을 하나로 모아 팀과 공동체로 묶어주는 이들이 창조의 핵심이 될 수밖에 없습니다. 앞으로 우리는 창조적 공동체가 협력을 통해 혁신을 일으키는 과정에 리더십과 협동심이 얼마나 중요한지를 살펴보고, 나아가 이를 증진하고 제대로 발휘하는 방법에 대해 알아볼 것입니다.

지금까지 우리는 여섯 가지 성격 강점을 살펴보고 각각의 강점이 창조적 삶과 어떤 관련을 맺고 있는지 알아보았습니다. 여러분이 어떤 강점을 가지고 있는지 잘 생각해 보고, 여러분이 롤모델로 삼을 수 있는 역사적인 인물 또는 여러분 주변 사람들이 누구인지도 생각해 보면 좋겠습니다.

또한 여러분의 강점은 아직 형성되고 있는 중이라는 점도 잊지 마세요. 우리는 어느 정도 강점을 타고나기도 하지만 훈련을 통해 이를 크게 키울 수도 있습니다. 에드워드 제너와 앨프리드 월리스, 이상과 김동리, 제인 구달과 넬슨 만델라의 강점은 결코 하루아침에 만들어진 게 아니라 오랜 연구와 수련을 통해 서서히 강화된 것입니다.

3장.

길을 아는 것과
걷는 것은
다르다

우리의 독특한 자질과 사고 능력이 우리의 개성입니다. 창조자들은 각자의 개성을 끊임없이 개발하고 마음껏 발휘하며 오직 자신만이 이룰 수 있는 창조적 업적을 이루어왔습니다. 인류는 그 많은 개성과 업적을 소비하며 유연하고 광범위하며 빠른 문화적 진화를 이루어 냈고 무시무시한 회복탄력성을 발휘했습니다.

우리의 개성을 가다듬고 이를 창조와 연결하는 유일한 방법이 바로 훈련입니다. 이제부터는 창조에 이르는 훈련이란 무엇인지, 그게 얼마나 중요한지, 좋은 훈련 방법은 무엇인지 알아보겠습니다. 먼저 훈련의 본질을 이해하기 위한 핵심 개념인 '밈'부터 살펴보도록 할게요.

새로운 생각의 재료
밈

인터넷 문화에 익숙한 여러분은 밈이란 말에도 익숙할 것입니다. 인터넷을 통해 유포되는 신조어, 은어, 드립, 필수요소, 짤, 이모티콘 등을 우리는 밈이라 부르죠. 이는 밈의 본뜻을 정확하게 반영하는 용례이긴 합니다만, 사실 밈이란 말은 인터넷에서 쓰이는 언어와 이미지에 한정되는 개념이 아닙니다. 밈은 훨씬 많은 것을 포괄합니다. 일단 다음 사진을 한번 보겠어요?

사진에 나오는 악기는 중국에서 2500년 전부터 2300년 전에 걸쳐 개발된 쟁입니다. 원래는 12현 또는 13현으로 구성된 현악기인데, 이후 2000년에 걸쳐 14현과 16현 악기로 변화했습니다.

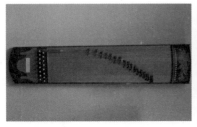

| 중국의 쟁(왼쪽)과 우리나라의 가야금(오른쪽).

오른쪽 사진에 등장하는 악기는 가야금입니다. 《삼국사기》에 따르면 가야국 가실왕이 중국의 쟁을 본받아 만든 악기라 합니다. 가실왕 치세가 언제였는지 명확하진 않지만, 신라의 기록을 바탕으로 하면 가야금은 6세기경에 만들어진 악기로 보입니다. 1년 12달을 표현하기 위해 12현으로 만들었고 후에 15현, 17현, 18현 등으로 개량되었습니다.

연이어 등장하는 악기들은 일본의 고토, 몽골의 야탁, 베트남의 단 짜인, 인도네시아의 카차피입니다. 일본의 고토는 7세기에서 8세기 사이에 쟁과 가야금을 본받아 제작된 악기입니다. 5현, 7현, 12현, 13현으로 변화해 가며 표현력을 더했죠.

몽골의 야탁도 중국의 쟁에서 비롯된 악기입니다. 몽골 상류층은 몽골 사회의 12계급을 상징하도록 12현으로 만들어진 야탁을 썼고 서민들은 현 수가 더 적은 야탁을 많이 사용했습니다. 베트남

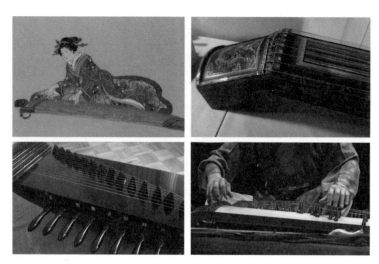

| 왼쪽 위부터 시계방향으로 일본의 고토, 몽골의 야탁, 베트남의 단 짜인, 인도네시아의 카차피.

의 단 짜인 또한 쟁을 시조로 하는 악기로, 13세기에 14현으로 시작해 15현을 걸쳐 16현 악기로 변화했습니다. 인도네시아 카차피도 동일한 뿌리를 가진 악기이며 18현 또는 20현으로 이루어집니다. 형제자매들 가운데 가장 길이가 짧은 편이죠.

이 사례에 등장하는 쟁처럼, 마치 스스로 생명을 가진 듯 사람과 사람 사이로 전파되고 국가와 지역과 문명을 넘나드는 지식, 개념, 기술, 제품, 서비스, 이론, 사상, 노하우가 바로 '문화적 유전자' 밈입니다. 밈은 단순히 퍼져나가기만 하는 게 아니라 변화를 일으킵니다. 쟁이 14현, 16현 악기로 변화하듯, 쟁이 한반도에 오면 가야금이 되고 일본 열도에 가면 고토가 되듯이 말이지요. 생물의 유전자가 변이를 통해 새로운 생명을 탄생시키듯이 밈도 각지에서 변화를 일으켜 새로운 지식과 기술과 사상을 탄생시킵니다.

문화적 진화란 인류가 밈을 통해 더 창조적이고 적응력 강한 존재로 진화하는 과정을 뜻합니다. 문화적 진화는 생물학적 진화에 비해 속도가 엄청나게 빠르고 영향력이 광범위한 게 특징입니다. 생물학적 진화는 오랜 세월에 걸쳐 유전자에 수많은 변이가 발생하고 그중 종의 적응을 돕는 유용한 변이가 산출되었을 때에만 발생할 수 있습니다. 생물들이 아무리 열심히 산다 한들 그들의 삶이 유전자에 영향을 미치지 못하죠. 생물학적 진화는 느긋하고 무심한 신이 관장하는 진화 과정입니다.

하지만 밈은 사람이 이걸 열심히 쓰고, 연구하고, 개량하고, 다른 밈과 합치고, 재해석함에 따라 변화합니다. 흰 소에 점을 그려 넣는다고 소의 유전자가 변화하여 점박이 소를 낳게 되지는 않습니다. 하지만 쟁에 현 하나를 추가하면 쟁이라는 밈 자체가 변화하고 새로운 가능성을 갖게 됩니다. 문화적 진화는 용불용의 신이 주관하는 진화 과정으로, 그 신은 집요하게 변화를 추구하는 호기심 많은 신입니다. 그리하여 밈 개념을 주장한 생물학자 리처드 도킨스는 문화적 진화의 특성을 이렇게 논합니다.

다를수록 좋다

"언어는 많은 예 중 하나에 불과하다. 의복과 음식의 유행, 의식과 관습, 예술과 건축, 기술과 공학 등 이들 모두는 역사를 통하여 마치 속도가 매우 빠른 유전적 진화와 같은 양식으로 진화하는데, 물론 실제로는 유전적 진화와 전혀 관계가 없다."

문화적 진화는 인간을 빠르게 진화하도록 만드는 메커니즘이며 인류를 지구의 다른 생물들과 명확하게 구분해 주는 과정입니다. 인간이 이루는 창조적 업적이란 밈을 새로 만들거나 재해석하거나 개량하거나 융합하는 행위를 뜻합니다. 그로써 인류의 문화적 발전을 돕지요. 앞에서 살펴본 구텐베르크 인쇄기, 다빈치의 원근법, 드라이브 스루 검사 등이 창조자들이 밈을 융합하여 새로운 밈을 탄생시킨 사례이며, 이에 따라 인류의 예술과 기술과 서비스가 진보한 사례입니다.

새로운 밈을 만들거나, 기존의 밈을 변형시키고 새로운 적용 방식을 찾아내거나, 두 개 이상의 밈을 융합해 새롭고 유용한 밈을 만들어 내는 일이 바로 창조입니다. 그러므로 우리는 밈을 익히지 않고는 창조할 수 없습니다. 창조는 밈을 가지고 노는 것인데, 여러분이 창조적 성취를 이루고자 하는 분야의 밈에 대해 알지 못한다면 갖고 놀 재료가 없어 곤란하겠죠.

또한 해당 분야의 밈을 익히지 않는다면 우리는 그 분야에서 무엇이 새로운 것인지 알 수 없습니다. SF에 대해 아무것도 모르는 사람에게 창조적인 SF를 써보라고 하면 대부분이 엇비슷한 이야기를 쓸 것입니다. 이를테면 "아주 좋은 아이디어가 떠올랐어요. 우주여행에 대해 써보는 거예요" 정도에 머무를 거라는 뜻이죠. 미술과 관련된 밈을 잘 익히지 않은 사람은 미술에서 창조적 업적을 남길 수 없고 문학을 모르는 사람은 문학에 혁신을 불러일으킬 수 없습니다.

백설공주
만들기

우리 주변에 넘쳐흐르는 다양하고 풍부한 밈은 창조적 작업의 재료이자 창조를 이끄는 방향타입니다. 이 밈을 익히는 과정을 우리는 훈련이라고 부릅니다. 공부나 학습 대신 훈련이라는 말을 쓰는 데는 그만한 이유가 있습니다. 밈은 책과 인터넷을 통해 익힐 수 있는 정보와 지식, 아이디어, 공식, 이론, 기술을 뜻하기도 하지만, 그 밖에도 해당 분야에서 창조적 작업을 산출하기 위한 노하우와 사고방식, 규범을 뜻하기도 하니까요.

　여기서 훈련과 창조의 관계를 잘 보여주는 사례 한 가지를 소개하려 합니다. 월트 디즈니의 사례입니다. 월트 디즈니는 애니메이션 산업의 아버지입니다. 디즈니가 있기 전에는 사람들이 극장에서 애니메이션을 보지 않았을 뿐더러 TV로 만화를 즐기지도 않았습니다. 월트 디즈니가 만든 첫 극장용 장편 애니메이션인 〈백설 공주와 일곱 난쟁이〉는 동화 소재를 전면적으로 활용해 애니메이션으로 제작한 최초의 사례이기도 합니다. 그리고 디즈니는 모든 애니메이션 캐릭터의 시조라고 할 수 있는 미키 마우스를 만들었죠.

디즈니는 20세기 사람이지만 디즈니의 훈련과 창조에 쓰인 밈은 2000년 전 인도의 그림자 인형극에서 탄생해 진화를 거듭했습니다. 아름답고 독특하며 많은 이야기를 담을 수 있는 그림자 인형극은 아시아와 유럽에서 널리 사랑받으며 19세기까지 이어졌습니다.

19세기의 유럽인들은 움직이는 이미지를 구현하는 다양한 기술

| 페나키스티스코프의 사례입니다. 원판을 돌리면 춤추는 남녀들이 빙글빙글 턴을 하는 것처럼 보입니다.

을 실험해 보았습니다. 초기에 개발된 기술 중 가장 중요한 건 1830년대에 개발된 페나키스티스코프입니다. 회전 원판을 돌려 연속적인 움직임을 표현한 이 기술은 최초의 기계식 애니메이션 기술일 뿐만 아니라, 그로부터 50년 뒤에 등장한 영화 기술에

다룰수록 좋다

| 에밀 콜이 만든 세계 최초의 애니메이션 〈판타스마고리〉.

도 영향을 미쳤습니다.

페나키스티스코프 이후에는 여러 개의 거울을 활용해 모션 이미지를 만드는 방법과 투명 유리를 활용하는 방법 등이 개발되었습니다. 필름과 영사기라는 밈이 등장한 뒤에는 이를 활용한 애니메이션 제작이 활발하게 이루어졌죠. 특히 프랑스 예술가 에밀 콜은 1908년에 세계 최초의 애니메이션 필름으로 불리는 작품을 만들었습니다. 요즘 기준에서 보면 조악하기 그지없지만, 애니메이션의 역사에서는 더없이 중요한 작품입니다.

에밀 콜 이후로 많은 사람들이 애니메이션에 관심을 갖게 되었습니다. 사람들은 애니메이션에 사운드와 컬러를 입히는 기술을 개발하고 인형의 스톱모션을 활용한다든가 드로잉을 활용하는 방법을 두루 실험했습니다. 변화에 목말라하는 용불용의 신이 애니메이션계에 강림한 것입니다.

1901년에 태어난 월트 디즈니는 어려서부터 그림에 재능이 있었고 자라서는 광고 미술 작가로 일하며 그림 그리는 일을 업으로 삼았습니다. 1920년대에 그는 애니메이션 사업을 구상했습니다. 다양한 애니메이션 기술이 개발되고 있다는 점에 주목한 디즈니는 새로운 기술과 자기 주변 만화가들의 재능을 합친다면 지금까지 세상 그 누구도 상상하지 못한 그들만의 사업을 만들 수 있다고 생각했죠.

이와 같은 꿈을 구현하기 위해 디즈니는 본인과 동료들의 자질과 능력을 꾸준히 개발하며 당대 최첨단의 밈을 두루 섭취하고 융합을 시도했습니다. 먼저 그는 친구이자 동료였던 업 이워크 등과 의기투합해 애니메이션 회사를 차렸습니다. 이들은 꾸준한 시도를 거쳐 스톱 모션과 드로잉 기법을 실험해본 뒤 드로잉 기법이 그들에게 잘 어울린다는 결론을 내렸습니다. 1초에 몇 프레임의 그림을 써야 할지도 연구와 실험을 통해 터득했죠.

또한 디즈니는 우화와 동화에서 소재를 취해 감동적인 애니메이션으로 표현하는 방법이 무엇일까 고민했습니다. 사운드와 컬러를 입히는 기술이 중요한 돌파구였습니다. 흑백 무성 모션만으론 다 표현하지 못하는 감성을 소리와 색상이 더해 줄 수 있으니까요. 디즈니와 동료들은 두 가지 기술을 공부하고 실험하며 자신들의 장기라할 수 있는 매력적인 카툰 캐릭터와 융합하는 방법을 연구했습니다.

다를수록 좋다

디즈니와 동료들이 만든 첫 작품은 기대에 못 미치는 성과를 거두었습니다. 디즈니가 처음 세운 회사는 순식간에 망하고 말았죠. 하지만 회사가 망해 가는 동안에도 디즈니는 두 번째 작품을 만들었고, 이를 가지고 할리우드의 배급사들을 찾아갔습니다. 할리우드에서 작품을 판매하는 데 성공하자 디즈니는 동생과 함께 디즈니 브러더스 스튜디오(오늘날의 월트 디즈니 컴퍼니)를 차리고 예전 동료들을 불러들였습니다. 그리고 잠시 중단됐던 훈련과 창조의 루프를 재가동했습니다.

이렇게 탄생한 것이 1937년 작 〈백설 공주와 일곱 난쟁이〉입니다. 카툰 캐릭터로 구현된 동화 속 인물들(그리고 드워프들), 현란하게 춤추는 원색의 이미지, 백설 공주가 부르는 아름다운 노래, 사랑과 우정으로 고난을 극복하는 감동적인 스토리까지 모든 것이 이 작품으로 하나가 되었죠. 바야흐로 세계 애니메이션 산업이 출범하는 순간이었습니다.

스승의 산을
오르고 오르며

효과적인 훈련을 위해 인류가 오랫동안 따라온 방법이 있습니다. 스승을 모시는 방법입니다. 우리는 스승을 따르며 우리의 자질과 능력을 개발하고 이를 실전에 적용하는 연습을 합니다. 스승이 사안을 바라보는 방법, 정보를 취득하는 방법, 지식을 융합하고 적용하는 방법도 익히지요. 스승으로부터 창조의 가이드라인이 되는 윤리의식과 철학을 습득하는 것도 중요합니다.

공부만 하고 스승을 모시지 않는 사람과 공부도 하고 스승도 모시는 사람의 차이는 무엇일까요? 공부만 하고 스승을 모시지 않는 사람은 무엇보다 세상의 수많은 밈 가운데 자신의 창조적 활동에 필요한 밈이 무엇인지 알아내기 어렵습니다. 스승은 완벽한 답을 가진 사람은 아니지만 밈을 수집하고 그중에서 옥석을 가려내는 자신만의 고유한 관점과 철학을 지닌 사람입니다. 이런 관점과 철학을 배움으로써 우리는 창조에 필요한 훈련을 해낼 수 있고 나만의 관점과 철학을 발전시킬 수도 있습니다.

그리고 우리가 스승을 모셔야 하는 중요한 이유가 한 가지 더 있습니다. 바로 무엇을 창조해야 할지를 배우는 것입니다. "창조적으로 살아라"라는 말은 공허합니다. 이런 말을 들었다고 해서 창조적으로 살아갈 엄두가 나지는 않죠. "문학을 하며 창조적으로 살아라"라는 말도 마찬가지입니다. 하지만 스승은 우리가 구체적으로 어떤 것을 만들 수 있는지 보여줄 뿐만 아니라, 그것에 어떤 의미와 가치가 깃들어 있는지 일깨워줌으로써 우리가 창조에 나설 수 있도록 해줍니다.

아이들에게 발명을 시켜보면 이 점을 통감할 수 있습니다. 아이들에게 아무거나 만들어보라고 시키면 아이들은 정말 아무거나 만듭니다. 쓸모없고, 사람들을 이롭게 하지 않으며, 심지어는 범죄에 가까운 아이디어도 속출하죠. 초등학생 때 저는 음료를 공짜로 뽑아 마실 수 있는 자판기를 구상한 적이 있습니다. 다른 친구들도 마찬가지였어요. 공짜로 뭐 하는 기계, 자기들한테는 참 좋고 남들 입장은 전혀 생각하지 않는 그런 것들을 만들었죠.

스승으로부터 무엇을 만들어야 할지, 어떤 의미와 가치를 창출해야 할지 배우지 못하면 우리는 영원히 아동 발명가와 같은 상태에 머물지도 모릅니다. 여러분이 대학에 진학하고 대학원까지 가게 되면 가장 오래 고민하고 스승으로부터 가장 많이 배워야 하는게 이 부분입니다. 연구를 하고 실험을 구상하며 "내가 하는 연구와 실험이 무슨 의미를 가질까?"라고 생각하는 일 말이죠. 의미와 가치와 철학을 배우지 않고서는 어떤 지식도 창조로 이어지지 않습니다. 창조란 단순히 새롭고 독특한 것을 만드는 게 아니라 세상 사람들에게 유용한 것을 만드는 일이기 때문입니다. 그래서 학자들은 창조란 독창성과 유용성의 곱셈으로 나타내야 한다고 말합니다. 어느 한쪽이 0이면 셈의 결과도 0이란 거죠.

이처럼 우리가 활동하는(또는 활동하고자 하는) 분야에 대한 개성적인 관점과 노하우, 철학을 가진 사람은 누구나 우리의 스승이 될 수 있습니다. 부모님도 우리의 스승이 될 수 있고 학교 선생님과 대학 교수님들도 스승이 될 수 있습니다. 스포츠 팀의 지도자나 우리가 훈련을 의지하는 장인, 화가, 기술자, 선배, 상사도 스승이 될 수 있습니다. 심지어는 친구도 우리의 스승이 될 수 있습니다. 배울 것이 있는 사람, 단순한 지식을 넘어서 독특한 경험과 노하우와 철학을 전수해 줄 수 있는 사람이라면 누구나 스승으로 삼을 수 있습니다.

단 한 명뿐이라 해도 좋은 스승을 만난다면, 우리의 자질과 능력을 개발하고 독특한 관점과 노하우와 철학을 배울 수 있습니다. 그러고 나면 스승의 노하우와 철학을 발전시켜 자기만의 관점과 노하우를 개발할 수 있지요.

스승과 창조의 관계를 잘 보여주는 사례를 우리 역사에서 찾아볼 수 있습니다. 바로 장영실과 세종의 사례이지요. 장영실은 1390년경에 태어나 1400년대 초 조선의 과학기술 발전을 이끈 인물입니다. 장영실의 출생을 1390년경이라 말할 수밖에 없는 이유는 그가 노비 출신이기 때문입니다. 장영실의 어머니는 기생이었고 아마도 장영실 아버지의 첩실이었을 가능성이 높습니다. 조선왕조의 역사가들에게 이런 천출의 어린 시절 따위는 관심 가질 대상이 아니었기에, 우리는 장영실의 어린 시절에 대해 전혀 알지 못합니다. 또한 노비가 그럴듯한 교육을 받을 수 있는 시대도 아니었기에 훈련에도 어려움을 겪었고 스승을 만나기도 어려웠습니다.

그러나 장영실에게는 감출 수 없는 독특한 자질과 능력이 있었습니다. 그는 장인들의 작업을 관찰하며 그 안에 숨은 기술적 원리를 파악하길 즐겼습니다. 흐르는 물의 힘이 기어와 크랭크를 통해 변환되어 방아의 수직 운동으로 귀결되는 모습이나 저울이 가마의 무게를 재고 도르래가 석재를 들어 올리는 모습이 장영실을 매료시켰습니다. 자꾸 이런 쪽에 관심을 가지고 원리를 파악하다 보니 어지간한 물건은 한 눈에 원리를 알아낼 정도가 되었죠. 장영실의 재능은 당대 조선 왕조의 관료들에게 알려질 정도였고, 결국에는 당시 세자의 지위에 있던 세종의 눈에 들기에 이르렀습니다.

장영실은 이처럼 스스로의 힘으로 훈련을 수행하며 자질과 능력을 가다듬은 사람이었지만 딱히 무엇을 창조해야겠다는 생각은 없었습니다. 이런 그에게 스승이 되어주고 무엇을 만들어야 할지 가르쳐준 사람이 바로 세종이었습니다.

세종은 겸손한 자세로 여러 스승의 가르침을 받아들였던 인물로, 판단력이 뛰어나고 호기심 많고 새로운 지식과 사상을 반기는 인물이었습니다. 또한 정파와 관계없이 사람을 등용하고 그들의 말에 귀를 기울였으며 장영실과 같은 천출에게도 재능을 펼칠 기회를 부여했습니다. 세종의 이런 장점들은 그가 가진 고차원적인 이상 속에서 하나로 어우러졌습니다. 세종은 하늘의 뜻과 사람의 뜻이 일치하면 풍요롭고 행복하고 강력한 나라를 이룰 수 있다고 믿었죠. 이런 원대하고 초월적인 목표를 달성하기 위해 세종은 30년이 넘는 통치 기간 동안 온갖 인습과 안일함을 타파하고 쉼 없이 노력을 기울였습니다.

치세 초기에 세종은 과학적 방법을 통해 조선의 농업 생산력을 증가시키는 일에 몰두했습니다. 이를 위해 반드시 필요하다고 여겼던 것이 천문 관측소입니다. 천문의 변화를 파악하여 절기의 시작과 끝을 정확히 계산해야 농민들이 이에 맞춰 삶과 노동을 계획할 수 있었습니다. 천문 관측을 통해 24절기를 정확히 구분해 국민들에게 알려주는 일은 하늘의 뜻과 사람의 뜻을 일치시키는 일이자 조선의 왕으로서 국민들에게 다해야 할 가장 중요한 의무라고 할 수 있었던 것입니다.

세종이 즉위할 때까지 조선왕조는 천문관측과 역서 편찬을 온전히 중국에 의존했습니다. 세종은 이 분야에서 자립을 이루는 것이 풍요로운 나라를 만드는 기초라고 생각했습니다. 이에 세종은 기계와 기술의 본질을 파악하는 데 능한 장영실을 명나라에 파견해 중국의 천문 관측 기술을 공부하도록 지시했습니다.

장영실이 명나라에서 돌아오자 세종은 그에게 정5품에 해당하는 벼슬을 내리고 왕실 기술자로 삼았습니다. 이후 세종은 장영실에게 다양한 프로젝트를 맡겼습니다. 그중 대표적인 것이 물시계인 자격루입니다. 세종은 신하들과 함께 여러 물시계 디자인을 수집하고 정리해 장영실에게 건넸는데 이 가운데에는 당대에 가장 천문학이 발달한 이슬람 세계의 디자인과 이론서도 있었습니다. 장영실은 이러한 자료들에서 아이디어를 섭취하고 융합해 자격루를 만들어 냈습니다.

자격루는 금속활자, 복식부기, 인삼 재배법, e스포츠, LED TV, 웹툰 등 우리나라가 낳은 여러 창조적 산물들과 비교해 보더라도

| 장영실이 설계한 자격루의 일부입니다. 자격루의 작동 원리를 요약하면 다음과 같습니다. 먼저 기압이 물을 누르는 힘을 이용해 사진의 긴 금속 항아리에 물을 일정한 속도로 흘려보냅니다. 그러면 항아리 안에 든 나무 잣대가 부력으로 떠오르며 쇠구슬이 얹힌 스위치를 밀어 올립니다. 쇠구슬은 정해진 길을 따라 굴러가 정교한 톱니와 기어 장치를 가동시킵니다. 톱니와 기어는 종과 북을 쳐 시간을 알리는 인형을 작동시킵니다. 긴 통에 물이 차오르며 갈수록 더 위쪽에 있는 스위치를 작동시키는데, 그때마다 쇠구슬이 톱니와 기어를 각기 다른 방식으로 작동시켜 각기 다른 인형이 각기 다른 시간을 알리도록 구성되어 있습니다.

경탄할 만한 발명품입니다. 여러 가지 물리 원리가 재미있게 연결되어 있어 우리에게 시대를 초월한 공학적 호기심을 불러일으키기 때문입니다. 장영실의 자격루는 장영실의 자질과 능력뿐만 아니라 그의 개성을 개발해 주고 무엇을 만들어야 할지 알려준 세종이란 스승이 있었기에 가능했던 위대한 발명품입니다.

보드게임은
지능검사가 아니다

훈련은 창조에 이르는 유일한 길입니다. 때론 고되기도 하고 앞이 잘 보이지 않고 오래도록 가야 하는 길이기도 하죠. 그렇다면 이 어려운 길을 조금이라도 즐겁게 가고 이 길로부터 더 나은 결과를 얻어내는 방법은 무엇일까요? 이 문제는 여러 철학자와 문학가들, 교육학자와 선생님들이 머리를 싸매고 고민해 온 주제입니다. 여기서는 발달심리학의 대가인 캐럴 드웩이 여러분에게 조언하는 바를 들려드릴게요.

드웩이 강조하는 건 훈련하는 사람의 '마인드 세트'입니다. 마인드 세트는 우리가 우리 능력과 성장 가능성에 대해 어떤 신념을 가지고 있고 그에 따라 훈련 과정에 어떤 자세로 임하는지를 가리키는 용어입니다.

마인드 세트 개념을 설명하기 위해 먼저 제 여행 경험 한 가지를 이야기하고 싶습니다. 여행을 좋아하는 사람들은 다양한 즐길거리를 휴대하는 습성이 있습니다. 어떤 사람들은 부피가 작은 보드게임을 들고 다니기도 합니다. 우노라든가 소형 체스 세트 같은 것 말이죠. 저는 열대의 아시아를 여행하면서 한번은 리코셰 로봇이라는 보드게임을 가지고 갔습니다. 부피가 작고 규칙이 간단한 대신 머리를 많이 써야 하는 게임이라고 설명해 둘게요.

스리랑카에서 저는 묵고 있던 숙소 주인의 아들과 리코셰 로봇을 할 기회가 있었습니다. 의사가 되는 게 꿈이라는 명랑하고 예의 바른 초등학생이었죠. 영어도 곧잘 했고요. 제가 게임하는 걸 보고 관심을 보이기에 같이 해보겠느냐고 물었더니 좋다고 하더군요. 저는 아이에게 규칙을 설명해 주고 게임을 시작했습니다.

그런데 얘가 게임을 하면서 규칙을 무시하고 말을 움직이는 거예요. 저는 "어, 그렇게 하면 안 돼. 말의 방향을 틀려면 벽에 한번 부딪쳐야 해"라고 말했죠. 그랬더니 아이가 자기 이마를 "탁!" 소리가 나게 치는 겁니다. 신경질적인 눈빛으로 입을 앙다물고 "으!" 하는 소리도 냈죠. 며칠 동안 이 아이를 봐왔지만 이런 얼굴은 그때 처음 보았습니다. 잠시 후에 또 아이가 규칙을 무시하고 말을 움

다를수록 좋다

| 리코셰 로봇의 모습입니다. 로봇은 벽이나 다른 로봇에 부딪힐 때까지는 직진밖에 못하지만 어딘 가에 부딪히면 90도 방향전환을 할 수 있습니다. 로봇의 방향 전환을 최소로 하여 목적지 칸에 집 어넣는 사람이 라운드에서 승리합니다.

직이기에 그러면 안 된다고 말했죠. 그랬더니 얘가 또 표정을 일그 러뜨리고 자기 이마를 "탁!" 소리가 나게 치더라고요. 입으로는 "으 으!" 하는 소리를 내면서요.

이 아이는 게임을 하면서 왜 그렇게 스트레스를 받았던 걸까요? 리코셰 로봇은 플레이어들 간의 경쟁 요소를 내포하고 있지만 무엇 보다도 스스로 머리를 짜내 최선의 수를 찾아내는 재미가 큰 게임 입니다. 상대방 때문에 피가 거꾸로 솟을 이유가 딱히 없어요.

그럼에도 불구하고 아이가 스트레스를 받았던 것은 이 게임을 일종의 지능검사로 받아들였기 때문입니다. 이 아이는 게임을 즐 기고자 한 것이 아니라 게임을 잘하는 모습을 제게 보여주고자 했죠. 그래서 자기가 영특한 아이라는 사실을 인정받고 싶어 했던 것입니다.

캐럴 드웩에 따르면 이 아이가 단순한 보드 게임조차 지능검사로 받아들인 이유는 아이가 본인의 능력에 대한 '실체 이론'을 가지고 있기 때문입니다. 실체 이론이란 우리의 능력이 이미 정해져 있어서 훈련을 한다고 해서 늘어나지 않는다는 신념을 가리킵니다. 어린 시절에 "엄마 친구 아들은 자기 엄마 닮아서 그렇게 똑똑하대"라는 말을 많이 듣고 자라면 이런 신념을 갖기 쉽습니다.

실체 이론을 지닌 사람들은 훈련의 기회를 얻었을 때 이를 일종의 위협으로 받아들입니다. 발전 가능성 없는, 한정된 자신의 능력을 만천하에 드러내는 행위로 여기니까요. 낯선 외국인과 보드게임을 하는 상황은 새로운 걸 배우고 아이디어를 얻는 시간이 아니라자신의 지능을 평가받는 시간으로 느끼고, 학교에서 치르는 시험은내 고정불변의 학업 능력을 평가하는 시험이라 생각합니다.

이런 마음으로 훈련에 임하면 훈련이 괴롭고 불안하기만 할 뿐새로운 지식과 노하우를 익히기 힘듭니다. 자질과 능력을 크게 증가시킬 수 있는 어려운 과정에는 도전하지 않고 지금 가지고 있는능력만 가지고 좋은 점수를 낼 수 있는 쉬운 목표를 갈구하게 되죠.그러면 훈련을 통해 별다른 지식과 노하우를 익히지 못하게 되고능력의 발전을 이루지 못하니 "내 능력은 고정되어 있어"라는 실체

다늘수록 좋다

이론이 더욱 강화됩니다. 그러면 훈련에서 성과를 거두기 더 힘들어지고, 그러면 실체 이론이 더 강화되고, 그러면…… 영영 성장할 수 없는 사람이 됩니다.

반대로 우리의 자질과 능력이 훈련을 통해 발전한다고 믿는 신념을 '증진 이론'이라고 부릅니다. 실제로 지능을 비롯한 인간의 성격 강점들과 연합, 유추 등의 사고 능력은 모두 훈련을 통해 발전시킬 수 있습니다. 증진 이론이야말로 우리의 자질과 능력에 대한 올바른 믿음이란 뜻입니다.

아이들이 훈련에 임할 때 "이건 네 능력을 시험하는 게 아냐. 그러니까 당장 결과를 보여줘야 한다고 생각하지 마. 이걸 통해서 네가 무얼 배울 수 있는지만 생각해. 당장은 실패해도 네가 배우고 성장하면 되는 거야"라는 말을 해주면 아이들은 증진 이론을 갖게 됩니다. 증진 이론을 가진 사람은 당장 좋은 성과를 올릴 수 없더라도 자신의 자질과 능력을 증진할 수 있는 어려운 과업과 훈련 과정에 도전합니다. 거기서 넘어지고 깨지면서도 "오늘은 이걸 배웠다!"라며 즐거운 마음으로 하루를 마무리하죠. 이런 사람들은 즐겁게 훈련에 임하고 실질적인 성장을 이루어냅니다. 그러니 증진 이론이 더 강화되고, 증진 이론이 강화되면 더 높은 목표를 추구하며 더 많은 것을 배우고, 그러다 보면…… 끝없이 성장하는 사람이 됩니다.

그러니 우리는 믿어야 합니다. 사람의 자질과 능력은 훈련을 통해 증가하고 발전한다는 것을요. 장영실이 훈련을 통해 호기심과 공학적 재능을 개발했음을, 침팬지들과 같이하는 시간이 길어질수록 제인 구달의 따뜻한 마음이 더 뜨거워졌음을 기억하세요.

이런 믿음을 가지고 훈련을 발전의 기회로 받아들이세요. 당장 결과를 낼 수 있는 쉬운 목표보다는 장기적인 발전을 추구할 수 있는 어려운 목표에 도전하는 편이 좋습니다. 이미 가지고 있는 능력을 잘 포장해서 내보이려 하지 마세요. 그보다는 훗날 다른 사람들이 "너 언제 이런 걸 다 익혔니?", "넌 어떻게 그런 걸 다 알게 됐니?"라고 놀라도록 여러분의 자질을 성장시키고 믿을 익히세요.

모차르트의
반전 있는 삶

볼프강 아마데우스 모차르트는 신동 출신 창조자의 대명사입니다. 모차르트가 작곡한 처음 다섯 곡은 그가 다섯 살 때 피아노를 두드리고 놀며 만든 곡들이라고 하니 그가 신동이었다는 사실을 부인할 사람은 아무도 없을 겁니다. 이런 이유로 모차르트는 "창조에 필요한 건 타고난 재능이지 훈련이 아냐"라는 주장의 근거가 되곤 합니다. 대중들로 하여금 실체 이론을 갖게 하는 사례로 쓰이는 것이지요.

그러나 모차르트의 창조적 삶은 오히려 훈련이 창조에 이르는 유일한 길이란 사실을 다시 한번 확인시켜줄 뿐입니다. 모차르트도 훈련을 통해 창조에 이르렀습니다. 모차르트는 누구의 말도 듣지 않고 누구의 스타일도 추종하지 않았을 것 같은 이미지가 있지만, 그에게도 여러 명의 스승이 있었습니다. 항상 어린아이와 같은 천진난만함으로 자유롭게 작품을 했을 것 같은 그 또한 오랜 숙달과 실험의 과정 속에서 오늘날 우리가 모차르트의 음악이라 부르는 것을 만들었습니다.

모차르트의 첫 번째 스승은 그의 아버지 레오폴트 모차르트였습니다. 당대 유럽 최고 수준의 음악가였던 레오폴트는 모차르트와 그의 누나 난네를이 어렸을 때부터 음악을 가르쳤고, 아이들에게 음악에 대한 사랑과 꿈을 심어주었습니다. 모차르트가 다섯 살 때 처음 만든 피아노곡은 훗날 그가 써낸 위대한 소나타들과는 비할 수 없을 만큼 유치했지만, 레오폴트가 자신감을 가지고 아이를 음악가로 키워야겠다고 결심하기에는 충분했죠.

레오폴트는 연주와 작곡 양면으로 훌륭한 재능을 보여준 두 아이를 데리고 유럽을 여행했습니다. 사실상 어린 모차르트의 취업자리를 알아보기 위한 여정이었지요. 유럽 곳곳을 다니며 모차르트는 죽을병에 걸리기도 하고 구역질 나는 숙소에 묵었으며 허리가 끊어질 만큼 고된 마차 여행에 시달렸습니다.

하지만 유럽 여행은 모차르트에게 중요한 자극을 주었습니다. 특히 여덟 살 때 런던에서 작곡가 요한 크리스티안 바흐를 만나 큰

다를수록 좋다

영향을 받았죠. 모차르트는 아버지 레오폴트를 비롯해 요한 크리스티안 바흐 등 유럽 곳곳에서 만난 음악가들을 스승으로 삼아 성장해 나갔습니다. 이때부터 모차르트의 삶은 작곡하고, 배우고, 다시 작곡하는 과정의 연속이었습니다. 바흐를 만나고 나서 모차르트는 첫 교향곡을 썼습니다. 십대 초반에 이탈리아로 투어를 떠났을 때에는 첫 오페라를 작곡해 성공을 거두었습니다.

모차르트는 이후 오스트리아, 독일, 이탈리아에서 궁정 음악가와 오페라 작곡가로 일하며 많은 곡을 썼습니다. 이 곡들 모두가 혁신적인 걸작이었냐면 결코 그렇지 않습니다. 이는 모차르트가 훈련하는 과정에서 생산해 낸 산물들이라고 보아야 마땅하죠. 실제로 모차르트의 초기, 중기, 말기 작품 간에는 엄청난 격차가 존재합니다. 모차르트가 훈련을 통해 놀라울 정도로 성장했기 때문입니다.

모차르트는 35년의 생애 대부분을 작곡가로 살았습니다. 그러나 우리가 애청하는 모차르트의 작품은 대부분 그가 죽기 5년 전부터 작곡한 곡들입니다. 피아노 소나타 16번, 〈피가로의 결혼〉, 〈돈 지오반니〉, 교향곡 40번과 41번, 〈아이네 클라이네 나흐트 무지크〉, 〈레퀴엠〉. 이 곡들이야말로 모차르트가 30년에 걸친 훈련을 통해 만든 불후의 명곡이자 위대하고 고유한 창조적 업적입니다. 결국 우리는 신동 모차르트가 아닌 거장 모차르트를 좋아하는 셈입니다.

훈련은 창조에 이르는 유일한 길입니다. 어떤 신동과 영재도 훈련 없이 창조자가 될 수는 없습니다. 신동의 대명사인 모차르트부터가 그렇습니다. 아무리 자질이 뛰어난 사람이라 해도 스승으로부터 많은 것을 얻어낼 수 있습니다. 장영실이 세종대왕을 만나 우리나라 역사에 길이 남는 창조자가 된 것처럼요. 또한 어떤 사람도 스스로의 성장 가능성을 믿고 훈련을 통해 배우려 하지 않고는 그 자질과 능력을 성장시킬 수 없습니다. 어렵지만 배울 게 있는 목표에 도전하며 스스로를 성장시켰던 월트 디즈니와 제인 구달을 기억하세요.

4장

같이할 때 불꽃이 일어난다

지금까지 우리는 개성이 없으면 특별한 것을 만들 수 없고 훈련을 하지 않으면 아무것도 만들 수 없다는 사실을 알아보았습니다. 이제부터 살펴볼 창조적 삶의 요건은 협력입니다. 개성이 여러분의 고유한 엔진이고 훈련이 이 엔진에 연료를 채우는 일이라면, 협력은 연료에 불을 붙여 엔진을 작동시키는 스파크입니다.

홀로 걷는 창조의 길은 외롭고 고될 뿐만 아니라 생산성이 낮고 결과의 질도 떨어집니다. 오직 협력을 통해서만 우리는 풍요로운 창조적 삶을 살 수 있습니다. 인류의 문화적 진화에 도움이 되는 창조적 업적을 산출하고 그 과정에서 행복을 느끼는 삶 말입니다.

왜 혁신가는
떼 지어 나타날까?

협력의 힘을 깨닫게 해주는 재미있는 현상 한 가지가 있습니다. 역사적으로 가장 위대한 창조자들은 다른 창조자들과 함께 등장한다는 것입니다. 가까운 예로 최근 우리나라에서 등장해 세계적으로 가장 개성적인 작품을 만들고 있는 박찬욱, 봉준호, 류승완, 최동훈 등의 영화감독들을 들 수 있습니다. 이들은 도대체 왜 비슷한 시점에 등장해서 〈올드보이〉, 〈타짜〉, 〈괴물〉, 〈도둑들〉, 〈설국열차〉, 〈베테랑〉, 〈아가씨〉, 〈기생충〉 같은 영화를 쏟아내고 있는 걸까요?

역사 속에는 이와 비슷한 사례들이 너무도 많습니다. 8세기 중국에서는 이백과 두보가 나타나 중국 시문학을 일신했습니다. 원나라 말기에는 원사대가라 불리는 황공망, 오진, 예찬, 왕몽이 나타나 동아시아 문인화의 전통을 창시했습니다. 14세기 중반에는 나관중과 시내암이 등장해 《삼국지》와 《수호지》로 대하소설이라는 새로운 문학을 만들었습니다.

1500년경 이탈리아에서는 레오나르도 다빈치와 미켈란젤로가 나타나 유럽의 르네상스를 이끌었습니다. 18세기 말에서 19세기 초에 이르는 짧은 시기에 오스트리아의 빈에서는 하이든, 모차르트, 베토벤이 나타나 서양 클래식 음악을 완성했죠. 19세기 중반에는 영국에서 찰스 다윈과 앨프레드 월리스가 진화론을 구축했습니다. 20세기 초반 유럽에서는 앨버트 아인슈타인과 닐스 보어 등 수많은 대가가 출현해 물리학과 과학의 역사를 새로 썼습니다.

SF의 3대 거장, 볼테르와 디드로와 루소, 뉴턴과 후크와 핼리, 플라톤과 아리스토텔레스, 괴테와 실러, 이황과 이이, 임요환과 홍진호, 마이클 잭슨과 마돈나, 인상주의 미술가들, 정신분석의 세 대가. 이루 다 열거하기 어려울 만큼 사례가 많습니다.

이처럼 창조적 인물들이 꼭꼭 손을 붙잡고 다니는 것은 인류가 문화적으로 진화하는 존재이기에 나타나는 현상입니다. 문화적 진화는 밈을 통해 이루어집니다. 어떤 분야와 관련된 지식과 정보와 사상과 노하우와 규율이 오랜 기간에 걸쳐 축적되면, 그 분야에서 혁신적인 인물과 창조적인 업적이 탄생할 가능성이 점차 높아짐

다틀수록 좋다

니다.

이처럼 밈의 축적과 진화가 창조적 업적의 탄생에 필수적인 역할을 하기 때문에 학자들은 "창조는 사람이 하는 게 아니라 시대가 하는 것"이라는 주장을 내놓기도 했습니다. 다시 말해 아이작 뉴턴은 과학을 발전시킨 천재가 아니라 과학이 발전하던 시기에 태어나 용케 그 시대의 산물을 받아먹은 운 좋은 녀석이라는 것입니다. 어차피 페니실린은 그즈음 발견될 터였으므로 알렉산더 플레밍은 지독하게 운이 좋은 사람에 불과하다는 거죠.

이와 같은 주장이 집약된 개념이 바로 '창조의 자이트가이스트' 개념입니다. 자이트가이스트란 시대정신을 뜻하는 말로, 어떤 분야에 창조적인 인물이 나타나 혁신을 일으키는 게 아니라 시대가 무르익어 혁신이 이루어질 때 이에 참여했던 인물들이 훗날 유명세를 누린다는 것을 의미합니다.

하지만 이는 잘못된 주장입니다. 만약 창조적 업적이 사람이 아니라 시대가 만드는 것이라면 한 분야의 창조적 업적은 그 분야에 투신한 사람들의 숫자에 정비례해야 할 것입니다. 시대가 어느 분야의 발전을 가장 원하는지, 어느 분야에서 밈의 축적과 융합이 가장 많이 발생하고 있는지 알아보는 가장 좋은 방법이 바로 각 분야에 몸담은 사람의 머릿수를 세는 것이니까요. 17세기 영국 케임브리지 대학에 물리학자가 철학자보다 두 배쯤 많았다면 17세기 영국의 시대정신은 물리학이었겠죠. 20세기 미국이 배출한 박사 가운데 법학박사가 가장 많았다면 20세기 미국의 시대정신은 법학이었을 테고요. 그러니 시대정신이라는 것이 정말로 존재한다면 분야별 종사자 수에 따라 창조적 인물과 혁신적 업적의 수가 결정될 것입니다.

하지만 우리 역사에서 이런 관계는 나타나지 않습니다. 똑같이 시대정신을 반영하는 분야들이라 해도 어떤 분야에서는 창조적 인물들이 나타나 혁신을 이루어내고 어떤 분야에서는 이런 일이 일어나지 않았던 것입니다. 그 대신에 혁신이 일어날 때에는 반드시 두 명 이상의 창조적 인물이 동시에 나타납니다. 시대정신은 창조의 밑바탕이 될 뿐 창조와 혁신을 보장하지 않습니다. 시대정신의 정점을 찍고 혁신적 업적을 내놓는 것은 개성 있고 충분한 훈련을 거쳤으며 동시다발적으로 등장하는 창조적 인물들입니다. 그렇다면 도대체 왜 창조적인 인물들은 둘 이상이 함께 등장하는 걸까요?

사실 그 비밀은 간단합니다. 위에서 예로 든 사람들, 역사적인 창조적 업적을 성취했으며 자신만큼 대단한 업적을 성취한 이들과 같은 시대, 비슷한 지역에 등장한 사람들은 사실 서로서로 다 아는 사이였습니다. 그것도 그냥 알고만 있었던 게 아니라 의견을 주고받고, 협업을 하고, 서로의 업적에 자극을 받고, 서로의 스타일을 따라해 보기도 하고, 서로에게 배우고 서로를 가르치는 관계였지요.

21세기 한국의 영화감독들은 서로 다 알고 지내고 가끔 밥도 먹고 작품과 관련된 자극을 주고받는 관계입니다. 그중에는 박찬욱과 류승완처럼 상호 자극을 주는 스승과 제자 관계를 맺은 이들도 있죠. 박찬욱이 류승완의 스승으로, 류승완은 박찬욱의 촬영 현장에서 연출을 배우며 〈복수는 나의 것〉과 〈친절한 금자씨〉에 단역으로 출연하기도 했습니다.

　하이든과 모차르트와 베토벤도 서로 아는 사이였습니다. 모차르트와 하이든은 서로를 존경하고 영향을 주고받았던 친구였으며 베토벤은 하이든의 제자였죠. 진화론의 동시발견자라 불리며 자이트가이스트 개념의 중요한 근거로 언급되는 찰스 다윈과 앨프레드 월리스 또한 우리가 이미 알아본 것처럼 서로를 잘 알고 연구 결과를 주고받는 사이였습니다. 면식도 없는 두 사람이 각자의 노력 끝에 똑같은 이론을 만들었다고 하면 모를까, 서로의 저작을 감명 깊게 읽고 편지를 주고받으며 영감을 주고받은 사람들이 유사한 이론을 내놓았다면 이는 협력의 사례이지 시대정신의 사례가 아닐 것입니다.

　창조적인 인물은 저 혼자 탄생하지 않습니다. 다른 창조적인 인물과 교류하고 자극을 주고받고 협력해야 합니다. 창조적인 인물이 둘 이상 함께해야만 후세에 길이 빛날 창조적 업적을 이룰 수 있습니다. 협력하는 창조적 인물들은 서로의 개성과 창조적 능력을 강화함으로써 그들 모두를 불멸의 창조자로 만듭니다. 그러므로 어떤 분야에 혁신이 일어나기 위해서는 일단 그 분야가 시대정신을 반영해야 하고, 그러한 밑바탕 위에서 서로 협력하는 둘 이상의 창조적 인물이 탄생해야 합니다.

협력은 창조의 힘입니다. 개성 있고 충분한 훈련을 거친 사람들의 협력은 우리의 창조적 능력을 최대로 끌어올려 우리가 만들 수 있는 최고의 산물을 완성하게 합니다.

서로 다른 것이
만날 때

여러분은 오늘날 과거에 비해 협력이 훨씬 중요해진 세상에서 살고 있습니다. 이제 협력은 훈련에 비할 만큼 창조의 필수적인 요소로 여겨집니다. 여기에는 두 가지 이유가 있어요. 첫째는 모든 창조적 영역이 예전에 비해 더 복잡한 지식과 기술을 필요로 하게 되었기 때문입니다. 둘째는 이런 분야들이 서로 연결되며 방대한 규모의 협력을 요구하게 되었기 때문입니다. 인류가 보유한 밈이 기하급수적으로 늘어났고 이들 간의 관계는 더욱 복잡해졌기에 더 이상 창조자들 간의 개별적인 협력만으론 감당할 수가 없습니다. 지금 우리는 창조적 조직과 공동체의 일원이 되어 대규모의 협력에 참여함으로써 혁신을 일구어야 하는 시대에 살고 있습니다.

분야의 발전이 밀접한 협력을 요구한다

세상이 오늘날보다 더 단순할 때에 창조자들은 느슨한 협력만으로도 역사에 빛나는 창조적 업적을 생산할 수 있었습니다. 이를테면 16세기의 천문학자 니콜라우스 코페르니쿠스는 홀로 끈기 있는 관측과 계산과 사유를 이어나감으로써 태양계의 행성들이 태양을 중심으로 회전한다는 사실을 알아냈습니다. 그가 참고한 주요 문헌은 천 년도 전에 쓰인 프톨레마이오스의《천문학 집대성》이었죠.

코페르니쿠스의 뒤를 이은 요하네스 케플러와 갈릴레오 갈릴레이도 비슷했습니다. 두 사람은 멀리 떨어져 살며 저작을 통해 교류했을 뿐입니다. 둘 다 코페르니쿠스의 지동설을 열렬히 지지했기 때문에 서로 통하는 부분은 꽤 많았죠. 이정도의 느슨한 협력만으로도 이들은 유럽 과학혁명의 초석을 놓을 수 있었습니다.

하지만 20세기에 들어오면 과학 분야에서 더 이상 이런 이야기를 찾아볼 수가 없습니다. 과학이 복잡해지고 다양한 지식과 시각과 능력을 필요로 하게 되었기 때문입니다. 이제 과학자들은 보다 직접적으로 협력하며 서로가 가진 다양한 지식과 아이디어와 이론을 모두 동원해 보완하고 종합해야 합니다. 그렇지 않고서는 더 이상 새로운 과학적 성취를 이루어낼 수 없으니까요.

다를수록 좋다

20세기 초 앨버트 아인슈타인은 중력을 설명하는 일반상대성 이론의 아이디어를 떠올렸습니다. 간단히 말하자면 이는 "중력이란 물체의 질량이 시공간을 움푹 파이도록 만들기 때문에 생기는 현상"이라는 것입니다. 이 아이디어를 물리학 이론으로 만들려면 공간의 휘어짐을 수학으로 나타내고 계산하는 방법을 알아야 했는데 아인슈타인은 그 방면에 무지했습니다. 그래서 아인슈타인은 곡면 수학에 정통한 수학자인 마르셀 그로스만과 함께 10년을 연구했죠.

아인슈타인은 그로스만으로부터 곡면 수학을 배우고, 그로스만에게 아이디어를 제공하고, 그로스만으로부터 아이디어를 받고, 그로스만과 함께 모형을 만들었습니다. 이런 구체적이고 적극적인 협력을 통해 아인슈타인은 일반상대성이론을 완성했어요. 여러분이 아는 사람 가운데 세상에서 제일 똑똑한 사람 범주에 들 그 아인슈타인이, 그것도 이미 특수상대성이론으로 물리학계의 거장이 된 이후에, 10년간 수학 선생님과 협력해 연구를 했다는 거죠. 오늘날 대부분의 과학적 혁신은 아인슈타인과 그로스만처럼 밀접하게 협력하는 두 명 이상의 과학자들 손에서 탄생하고 있습니다.

융합이 협력을 요구한다

세상이 오늘날보다 더 분절되어 있을 때에 창조자들은 각자의 분야에서 개성을 발휘해 훌륭한 창조적 산물을 내놓았습니다. 이를테면 과거의 심리학자들은 자신만의 독특한 관점과 경험을 무기로 자유롭고 열정적인 연구를 통해 혁신적인 이론을 만들곤 했답니다. 대표적으로 지그문트 프로이트를 들 수 있죠.

프로이트는 19세기 말에 당대의 문화 중심지 역할을 한 오스트리아 빈에서 의사로 일했습니다. 그의 전공 분야는 정신과였는데, 환자로 찾아오는 이들은 주로 교양 넘치고 돈 많고 두통과 신경질 증상을 보이는 사람들이었습니다. 프로이트는 환자들이 겪는 신경증에 심리적인 원인이 있을 거라고 생각했습니다.

첫 10년간 프로이트는 최면술을 활용해 신경증을 치료했습니다. 최면 효과의 본질이 '마음속 이야기를 마음껏 하게 만드는 것'임을 깨달은 뒤에는 최면에 잘 들지 않는 사람들에게도 적용할 수 있는 '자유연상' 기법을 고안했습니다. 환자가 편안하게, 거리낌 없이, 마음이 이끄는 대로 말하게 내버려두고 의사는 그저 환자가 생각의 연쇄를 이어나갈 수 있도록 돕는 기법입니다.

프로이트는 환자들에게 자유연상 기법을 적용해 얻은 자료를 홀로 면밀히 분석했습니다. 이와 함께 프로이트는 매일 빼놓지 않고 스스로에게 자유연상 기법을 적용해 자신의 꿈과 어린 시절 기억을 분석했습니다. 프로이트는 이처럼 개인적 경험과 정신과 의사로서의 관점에 의거해 이론을 만들었습니다. 사람의 마음은 의식할

다틀수록 좋다

수 있는 부분과 의식할 수 없는 부분이 있다. 사람의 행동과 신경증에 결정적 영향을 미치는 건 이 중 의식할 수 없는 부분이다. 이와 같은 '무의식'은 사람이 태어날 때부터 성적 추동의 형태로 가지고 있다. 무의식적 성적 추동이 분출되거나 억압되는 경험이 인간의 발달 경험을 특징짓고 성격을 만든다. 이것이 유럽의 합리주의적 세계관에 충격을 가하고 현대 심리학의 태동을 이끈 프로이트의 정신분석 이론입니다.

하지만 개인적 경험과 단순한 관점만으로 심리학 이론을 창시하는 시기는 순식간에 지나가고 맙니다. 20세기를 대표하는 다양한 분야가 심리학으로 융합되었기 때문입니다.

프로이트가 정신분석 이론을 연구하고 있을 때 미국에서는 생리학을 중시하는 실험 심리학이 발전했습니다. 진화론이 심리학과 융합하여 우리의 감각과 감정, 행동의 진화적 용도가 중시되기 시작한 것도 이때입니다. 곧이어 교육과 아동 발달에 대한 연구도 심리학과 연합되었습니다.

20세기 초반 미국에서는 사람들이 일을 더 잘하게 만들기 위해 사람들의 심리를 다루어야 한다는 관념이 생겨났습니다. 이는 일과 직업에 대한 심리학의 태동으로 이어져, 이제는 리더십과 조직 문화와 창조 등 일과 협력에 관련된 폭넓은 사안을 다루는 심리학으로 발전했습니다.

20세기 중반에 컴퓨터 사이언스와 프로그래밍 분야가 발달하자 심리학계에는 인간의 사고 과정을 수리 알고리즘으로 나타내려는 움직임이 활발해집니다. 이를 심리학의 '인지 혁명'이라 부릅니다. 이때 형성된 연구 전통은 오늘날 여러 인공지능이 개발되는 데 핵심 역할을 하기도 했죠.

또한 생물학 연구가 나날이 발전함에 따라 심리학자들도 뉴런과 신경전달물질을 이야기하게 되었습니다. MRI가 의료계에 도입된 뒤 심리학자들도 MRI에 사람을 넣고 뇌 영상을 찍기 시작했지요. 이를 통해 인간 심리의 생리적 메커니즘에 대한 우리의 이해가 높아지고 뇌과학이 발달했습니다.

이처럼 심리학은 짧은 역사 속에서도 다양한 분야와 융합되며 무척 복잡하고 다양한 파급력을 갖는 분야로 발전했습니다. 심리학이 다른 분야로 융합되는 일도 잦습니다. 인지심리학과 인공지능의 관계에서 볼 수 있듯이 오늘날의 심리학은 사회과학, 경영학, 공학 등 여러 분야에 녹아들어가 작동하고 있습니다.

오늘날의 심리학자들은 더 이상 지그문트 프로이트처럼 제한된 관점과 자료를 바탕으로 홀로 연구하며 이론을 산출할 수 없게 되었습니다. 융합은 협력을 요구하기 때문입니다. 이젠 심리학자들도 적극적으로 협력에 나섭니다. 요즘 발표되는 논문을 보면 혼자서 연구해 발표한 게 거의 없답니다. 각기 다른 관점과 지식과 자질과 능력을 가진 두 사람 이상의 연구자가 협력하여 연구한 논문이 대부분이지요.

우리가 앞에서 살펴본 성격 강점 이론이 그 대표적인 사례입니다. 성격 강점 이론은 행동주의적이고 생리학적인 실험 연구를 하던 마틴 셀리그먼과 임상심리학자인 크리스토퍼 피터슨이 협력하여 탄생시킨 이론입니다. 마틴 셀리그먼은 동물 행동을 연구하여 '학습된 무기력감'이란 개념을 구축한 인물입니다. 크리스토퍼 피터슨은 우울과 외상 후 스트레스 장애 등 인간의 여러 병리 현상을 연구하던 이였고요.

이들은 어느 날 자신들을 포함한 심리학계 전체의 시각이 인간 심리의 부정적 현상을 설명하고 이를 치료하는 데 국한되어 있다고 생각하게 됐습니다. 셀리그먼은 자신이 무기력감은 훌륭하게 설명해냈지만 자신감과 창조성 등 인간이 보일 수 있는 최고의 상태는 설명할 수 없다는 걸 깨달았죠. 피터슨은 우울과 트라우마는 잘 설명할 수 있지만 행복과 낙관주의 앞에서는 벙어리가 되는 느낌을 받았습니다. 이에 두 사람은 힘을 합쳐 학습과 수행, 정신병리, 행복 등에 폭넓게 적용할 수 있는 성격 강점 이론을 만들었습니다. 이로써 긍정심리학 운동이 시작되어 순식간에 심리학 전반으로 퍼져나갔습니다.

셰익스피어와
스티브 잡스

분야의 발전과 연결로 협력이 중요해진 오늘날, 몇몇 분야는 인류사에 유래를 찾아볼 수 없는 커다란 규모의 협력을 필요로 하게 되었습니다. 극예술, 공학, 스포츠 경영 등이 대표적입니다.

극예술은 원래 다른 분야보다 더 협력적이었습니다. 영문학 및 극예술 분야에서 가장 위대한 창조적 인물로 꼽히는 윌리엄 셰익스피어의 경우를 보면 그 사실을 잘 알 수 있습니다. 셰익스피어는 희곡을 글로 남기지 않았습니다. 오늘날 전해 오는 그의 희곡들은 셰익스피어의 사후에 그의 친구들이 정리해 출판한 것들이죠.

셰익스피어는 각본을 써서 배우들에게 읽히기보다 직접 대사를 불러주고 연기 지시를 내렸습니다. 이런 식으로 작업을 하다 보면 동료 배우들의 실험과 의견 조율을 통해 희곡 내용이 다듬어지고 바뀌기도 합니다. 그러니 "맥베스를 쓴 게 누구요?"라는 질문을 받는다면 우리는 조용히 손가락을 들어 템스 강변에 있는 '킹스맨' 극단(셰익스피어가 몸담았던 극단)의 전용 극장인 글로브 극장을 가리켜야 할지도 모릅니다. 셰익스피어가 그 중심인물이었다는 얘기도 덧붙여야겠죠.

극예술은 문화적 진화를 거듭하며 다른 분야와 융합을 거듭했습니다. 그로써 더 복잡하고 많은 협력을 필요로 하는 예술 형식들

| 현대 서양 문명의 산실 중 하나인 글로브 극장의 외관(위)과 내부(아래).

이 창출됐죠. 1600년대 초에 구축된 일본의 가부키와 이탈리아의 오페라, 1700년대 말에 정립된 중국의 경극이 대표적인 예입니다.

연극을 스토리와 연기와 무대의 결합체로 본다면 가부키는 여기에 음악, 춤, 미술을 융합한 예술입니다. 한 가지 요소가 추가되면 그쪽 방면에 지식과 기술을 가진 창조자도 추가되어야 합니다. 개성적인 창조자들을 하나로 묶어주는 리더의 존재도 필수적이죠.

오페라는 음악과 연기의 독특한 결합 형태라고 할 수 있는 성악을 중심에 둡니다. 작곡가가 창작의 단초 역할을 하며, 각자 독특한 창법과 톤을 보유한 여러 명의 성악가를 필요로 합니다. 오케스트라와 지휘자도 중요하며 오페라의 음악성을 극대화하는 공연 공간과 무대 장치도 필수적입니다.

경극은 극예술이자 기예입니다. 오페라와 마찬가지로 독특한 발성과 가창력을 요구하기도 하죠. 중국의 문학적 전통이 드러나는 대사도 필수적입니다. 화려한 무대 의상과 미술도 경극의 재미를 극대화하는 요소입니다. 자연히 큰 규모의 밀접한 협력을 필요로 할 수밖에 없습니다.

20세기 초에는 영화가 탄생해 역사상 가장 복잡하고 큰 규모의 협력을 필요로 하는 예술로 등극했습니다. 영화는 가부키와 오페라와 경극을 공연하는 데 필요한 재능과 협력에 더해 영화를 촬영하고 편집하는 사람들까지 필요로 합니다. 직접 영화 제작에 참여하는 사람들 못지않게 상영관을 운영하고 스트리밍 서비스를 제공하며 홍보와 마케팅을 하는 사람들도 중요하고요.

다양한 인력이 투입되어 복잡한 상호작용을 하는 만큼 작품을 감상하는 재미도 늘어납니다. 우리는 감독과 음악감독의 호흡을 이야기하기도 하고, 촬영감독과 스턴트 팀의 조합을 논할 수도 있으며, 각본가와 배우, 의상과 소품, 조명과 음향 등을 이야기할 수도 있습니다. 〈킹콩〉, 〈반지의 제왕〉, 〈혹성탈출〉을 찍을 때는 킹콩과 골룸과 시저 역할을 할 모션 캡처 전문가도 필요하고 〈부산행〉과 〈킹덤〉을 찍을 때는 좀비의 움직임을 연구해 줄 안무가도 있어야 합니다. 영화의 개봉 시기와 매치업을 가늠해 보고 개봉 매체가 적당했는지 곱씹어보는 재미도 있죠.

공학은 영화와 함께 현대 인류의 창조적 능력을 상징하는 분야입니다. 스마트폰, 전기차, 3D 프린터, 바둑 인공지능 등 오늘날을 대표하는 창조적 업적은 대부분 공학의 산물이거든요.

오늘날의 공학은 대단히 복잡한 분야로 다양한 분야에서 유래한 지식과 기술을 필요로 합니다. 여러분이 가진 스마트폰만 보더라도 터치 기술과 디지털 카메라 기술, 반도체 기술, 와이파이 통신 기술, 프로그래밍, UI, 디자인 등 다양한 영역의 기술이 집약된 물건입니다. 그래서 스마트폰을 누가 만들었냐고 물으면 차라리 "스

| 우리나라에서 개발한 3면 스크린 상영관 '스크린X'. 최근 4DX나 3면 스크린 상영관, 첨단 사운드 시설을 갖춘 특수상영관이 늘어나고 싱얼롱 상영과 같은 독특한 상영 방식이 등장하며 작품에 따라 영화를 즐기는 방법이 다양해졌습니다. 스트리밍 서비스도 주류로 부상해 영화가 아예 온라인에서 최초 공개되기도 합니다. 상영, 마케팅, 스트리밍을 담당하는 사람들은 단순히 영화를 배급하고 상영하기만 하는 게 아니라 창조적인 관람 문화를 만드는 주역으로 부상하고 있습니다.

티브 잡스가 만들었다"라고 말하는 편이 이해하기 쉽습니다. 이를 만들기 위해 노력을 다한 이들과 그들의 역할을 모두 명시하기가 힘들 정도라서 차라리 리더로서 그 방대한 규모의 협력을 이끈 스티브 잡스에게 공을 돌리는 거죠.

자동차도 융합 역사의 상징과 같은 물건입니다. 옛날 옛적에 공학은 수력과 같은 자연계의 힘을 기어와 크랭크를 통해 인간에게 이로운 운동으로 변환하는 기술이었습니다. 그 고도화된 모습이 오늘날의 자동차에 고스란히 들어 있죠. 또한 공학은 야금 기술이기

다를수록 좋다

도 했는데, 이는 강철을 대량생산하는 기술로 발전하여 자동차의 뼈대를 이루고 건축공학과 조선공학의 근간이 되었습니다.

자동차의 출현에 결정적 역할을 한 건 내연기관 기술입니다. 내연기관은 니콜라우스 오토, 고틀리프 다임러, 빌헬름 마이바흐, 카를 벤츠, 루돌프 디젤 등의 협력과 경쟁에서 탄생한 발명품입니다. 또한 내연기관은 증기기관과 열역학과 석유화학과 금속가공 기술의 발전으로 실현된 기술이지요. 엔진 시동을 걸 때 쓰이는 배터리는 전자기학과 에디슨의 알칼리 건전지로부터 유래한 기술입니다. 오늘날에는 아예 리튬이온 배터리를 이용한 전기차가 미래차로 주목받고 있기도 하고요.

찰스 굿이어가 우연히 고무에 황을 더해 더 쫀득쫀득한 고무를 만드는 방법('가황법')을 발견한 이후, 자동차 만드는 기술에 공업화학과 소재공학이 중요한 역할을 하기 시작했습니다. 자동차에는 가황법으로 만든 타이어가 쓰이는데, 승차감에 큰 영향을 주는 타이어 기술이 발전하며 차량의 디자인이 발전하고 소비자들이 차를 보는 눈을 변화시키기도 했습니다. 공업화학이 낳은 가장 중요한 발명품인 플라스틱도 차의 대시보드와 백미러 등 곳곳에 쓰이고 있습니다.

여기에 전자제품 분야가 발전하며 추가된 차량 전자제품과 전자제어 시스템, 오늘날의 내비게이션 시스템과 자율주행 기능까지

합하면 자동차 한 대에 정말 많은 분야가 융합되어 있다는 사실을 알 수 있습니다. 혁신적인 자동차를 만드는 일은 이 다양한 부분들 중 한쪽에서 변화가 나타나는 것만으론 불충분합니다. 한쪽에서 나타난 변화가 다른 쪽의 변화와 어울려 나타나야 하죠. 이는 한두 사람의 협력으론 도저히 감당할 수 없는 변화입니다. 반드시 창조적 조직 또는 공동체가 필요한 일이지요.

강대원을
기억해야 하는 이유

우리는 긴밀하고 복잡한 협력을 통해 창조적 업적이 탄생하는 시대에 살고 있습니다. 예전에는 창조적 업적이 과학자의 실험실과 작가의 아틀리에에서 탄생했지만 이제는 주로 협력 관계를 만들고 관리하는 조직과 공동체 안에서 발생한다는 뜻입니다.

창조적 조직과 공동체를 대표하는 건 첨단 연구 장비를 갖춘 대학과 기업의 연구소입니다. 항공우주공학의 혁신 센터인 NASA의 제트추진연구소, 세계 최대 규모의 입자가속기를 보유하고 있으며 월드와이드웹의 발상지이기도 한 유럽입자물리연구소, 전자기술 혁신의 중심 역할을 한 벨연구소 등이 유명한 연구기관들이지요.

여기서는 창조적 공동체 안에서 어떤 식으로 창조가 발생하는지 알게 해주는 사례로서 벨연구소의 이야기를 해보려 합니다. 창조적 공동체에 대해 우리가 알고 있어야 할 중요한 사실들을 가르쳐주는 이야기입니다.

트랜지스터를 만든 협력

여름철 폭염이 밀려오면 우리는 전기세 걱정으로 머리가 아픕니다. 에어컨을 틀어야 하나 말아야 하나 고민이 이만저만이 아니죠. 우리가 삶의 편의를 위해 사용하는 대부분의 기계가 전기로 돌아갑니다. 기계가 하는 일이 많을수록 전기도 더 많이 들어가죠.

냉장고나 에어컨이나 세탁기처럼 전기를 동력으로 바꿔 뭔가를 뽑거나 흔드는 일을 하는 경우는 그나마 낫습니다. 기계한테 생각하는 일을 시키면 녀석은 어마어마한 전기를 잡아먹습니다. 지구상에서 가장 뛰어난 생물학적 전자제품이라고 할 수 있는 인간의 뇌는 우리가 먹는 삼시 세 끼 칼로리만 가지고도 잘만 돌아가지만, 이러한 뇌의 기능을 기계로 구현하려면 수많은 스위치, 저항, 축전기, 증폭기를 갖춘 복잡한 회로가 필요합니다.

옛날에는 이런 복잡한 회로를 진공관 증폭기와 구리 전선을 써서 구현했습니다. 그 시절 기술을 가지고 인텔 i7 칩 규모의 회로를 만든다고 치면 이걸 가동하는 데 1기가와트 정도의 전력이 필요함니다. 덴마크, 칠레, 싱가포르에서 가장 규모가 큰 발전소의 생산 능력이 전력 1기가와트 정도죠. 그러니 컴퓨터, 오디오, TV의 소비전력을 줄이는 문제는 단순히 이들 제품을 더 편리하게 쓰기 위함이 아니라 이것을 만들어 팔 수 있느냐 없느냐의 문제였습니다. 결과적으로 오늘날 우리가 집집마다 1기가와트짜리 전용 발전소를 두지 않고서도 가정에서 인텔 코어 컴퓨터를 가동할 수 있는 이유는 무엇보다 트랜지스터가 진공관을 대체했기 때문입니다.

진공관은 전류로 금속을 가열하여 전자를 내뿜도록 만든 뒤에 전압을 증폭하는 부품입니다. 전기가 많이 들고 부피가 크고 깨지기가 쉬운 단점이 있죠. 반면 트랜지스터는 반도체의 전기적 성질을 이용해 증폭 효과를 얻는 기술입니다. 복잡한 회로를 적은 전력으로 가동할 수 있으며 잘 깨지지 않는 장점이 있습니다.

1940년대 말 벨연구소의 최우선 과제가 바로 트랜지스터를 만드는 것이었습니다. 당시 트랜지스터 개발진을 지휘하던 윌리엄 쇼클리는 반도체 증폭기의 원리를 상당 부분 파악하고 있었습니다. 이제 실물로 구현해 내는 일만 남은 것처럼 보였죠. 하지만 그가 만든 증폭기는 작동이 되지 않았습니다. 이유를 알 수 없었던 쇼클리는 휘하의 팀원들에게 원인을 알아보라고 지시했습니다.

이 문제에 매진한 사람들 가운데 너른 관점을 가진 연구자 존 바딘과 과감한 실험가 월터 브래튼이 있었습니다. 바딘은 쇼클리가 생각지 못했던 표면 준위의 문제에 주목해 돌파구를 마련했습니다. 반도체 표면에 전자의 흐름을 방해하는 일종의 에너지 장벽이 형성되어 있으므로 이를 극복하는 방법을 찾아야 한다는 것이었죠. 그리고 브래튼은 이 문제를 해결하고자 여러 가지 실험을 해보다가 세계 최초의 반도체 트랜지스터를 만드는 데 성공합니다.

쇼클리, 바딘, 브래튼의 손을 거쳐 트랜지스터가 만들어진 과정을 보면 우리는 창조적인 협력이 무엇인지 알 수 있습니다. 창조적인 협력은 각자의 개성을 발휘하는 협력입니다. 신중하고 이론적이었던 쇼클리가 기초를 놓고 바딘의 너른 관점이 돌파구를 만들고 브래튼의 창의성이 이들의 이론을 실체로 구현했습니다. 세 사람은 각자의 개성을 바탕으로 각자 자기만 할 수 있는 기여를 해냈습니다.

이런 이유로 과학계와 벨연구소는 트랜지스터의 개발자가 누구인지에 대해 명쾌한 판단을 내린 바 있습니다. 쇼클리와 바딘과 브래튼은 서로가 없이는 트랜지스터를 만들 수 없었다는 것, 그러므로 트랜지스터의 개발자는 세 사람 모두라는 것이지요. 세 사람은 각자의 개성에 맞춰 협력한 결과로 1956년에 노벨상을 공동 수상하게 됩니다.

쇼클리, 바딘, 브래튼이 트랜지스터를 만들긴 했지만 요즘 사용하는 트랜지스터는 이와 많이 다릅니다. 특히 크기와 대량생산 가능성 측면에서 큰 차이를 보이죠.

오늘날의 반도체 칩은 부품을 조립해서 만드는 게 아니라 실리콘 반도체에 얇은 막을 형성한 다음 그 위에 사진 인쇄술로 트랜지스터 회로를 그려 넣는 방식으로 제작합니다. 회로를 그린 뒤에는 그 밖의 불필요한 부분을 불화수소로 깎아내죠. 트랜지스터를 소형화하고 대량생산 가능하게 하는 참으로 놀라운 기술이자 아이디어입니다. 이런 식으로 10억 개의 트랜지스터를 손톱만한 칩에 그려 넣은 게 바로 i7 프로세서입니다.

10억 개의 트랜지스터를 칩 하나에 담아내기까지는 많은 이들의 지식과 기술, 실험과 실수, 협력이 필요했습니다. 그중에는 심사숙고하는 사람과 저지르고 보는 사람, 다양한 기술을 도입해 보려는 사람, 철저한 이론으로 무장한 사람이 모두 있었죠. 특히 한국인 한 명이 지대한 공을 세웠다는 점을 언급하고 싶습니다. 벨연구소에서 일했던 강대원이라는 공학자입니다.

위에 언급한 현대적 방식, 즉 반도체 표면에 막을 형성해 회로를 그려 넣는 방식으로 만든 최초의 트랜지스터를 MOSFET이라 부릅니다. MOSFET은 현대 반도체 기술의 근간을 이루는 발명품으로 지금까지 $10^{20} \times 100$(100해)개 이상 제조되어 인류 역사상 가장 많이 만들어진 물건 1위를 차지하고 있습니다. 강대원은 이 MOSFET을 만든 두 사람 가운데 한 명입니다.

이런 걸 만든 한국인을 왜 우리가 모르고 살아왔는지 이해가 안 갈 수도 있습니다. 강대원의 업적이 우리나라에 잘 알려지지 않은 데는 두 가지 원인이 있습니다.

첫째, 강대원은 1956년 오하이오 주립대에서 석사 과정을 시작한 뒤로 줄곧 미국에서 활동하며 미국 시민권을 얻었습니다. 당시 한국 사람들과 언론은 그의 업적을 조명하고 다루는 데 소극적이었습니다. 우리나라에서 태어나기는 했지만 미국에 가서 살고, 활동하고, 시민권까지 얻은 사람이라면 그게 미국 사람이지 우리나라 사람이 아니라는 논리였습니다.

오늘날 창조적 인물이 창조 활동을 하기 위해 해당 분야의 중심지로 옮겨가는 것은 자연스러운 일입니다. 중심지에서 다양한 사람들과 함께 협력을 해야 하기 때문입니다. 각지의 창조적 인물들이 중심지에 몰려들면 이들을 묶어주는 창조적 조직과 공동체가 큰 이점을 가져갑니다. 각지에서 온 사람들은 제각기 고유한 경험, 철학, 자질, 지식, 관점을 가지고 있기 때문입니다. 이렇게 다양한 개성이 모여서 적극적으로 협력해야만 오늘날 시대가 요구하는 창조적 불꽃이 발생합니다. 강대원이 당대의 공학 중심지인 미국에 가서 활

다를수록 좋다

동한 건 우리가 자존심 상할 일이 아니라 창조적 업적을 산출하기 위한 필수적인 행동이었다는 것입니다.

우리가 강대원을 잘 모르는 이유 두 번째는 강대원이 아이디어를 낸 사람이 아니라 아이디어를 구현한 사람이라는 점입니다. 그는 팀장이 아니라 팀원이었습니다. 아이디어를 내고 이론을 세운 사람은 모하메드 아탈라라는 인물입니다. 강대원을 팀원으로 스카우트해 MOSFET을 구현하게 만든 이가 모하메드 아탈라였습니다.

우리는 아이디어를 떠올린 사람만 창조적 인물이라고 여기고 이를 구현한 사람은 단순한 '공돌이'라고 생각하는 경향이 있습니다. 이런 생각은 협력에 대한 한심한 오해라 할 수 있습니다. "이거 네가 생각해 낸 거야?", "그런 생각을 처음 떠올린 사람이 누구지?"라고 묻는 일 말이지요. 창조적 성취는 다양한 개성들의 번뜩이는 협력을 통해 이루어진다는 사실을 무시한 채 누가 아이디어를 냈는지만 따지는 건 오늘날 더 이상 의미를 갖지 못하는 행동입니다.

강대원은 아탈라의 이론을 구현하기 위해 동료들의 지식과 기술을 종합해 새로운 트랜지스터 제작 기법을 통째로 만들어 냈습니다. 이는 아이디어 창안자인 아탈라의 업적과 동등한 업적입니다. 아탈라는 강대원 없이 MOSFET을 만들 수 없었고, 강대원은 아탈라 없이 MOSFET을 만들 수 없었습니다. 그래서 세상은 MOSFET을 아탈라와 강대원 두 사람의 발명으로 인정합니다.

아탈라와 강대원의 협력 이야기 또한 협력은 개성을 필요로 한다는 사실을 가르쳐줍니다. 한 사람이 이론에 강하다면 다른 한 사람은 구현에 강해야 합니다. 누군가가 줏대 있고 끈기 있게 이상을 추구한다면 누군가는 호기심 넘치고 자유롭게 실험을 해야 합니다.

서로 다른 개성이 모여서 협력할 때 비로소 불꽃이 일어납니다. 아인슈타인과 그로스만, 다윈과 월리스, 엘리엇과 파운드, 쇼클리와 바딘과 브래튼, 아탈라와 강대원이 그랬던 것처럼 개성과 훈련이라는 요건을 갖춘 이들이 만나 시너지를 일으키는 것이 바로 협력입니다.

여러분도 곧 창조적 조직과 공동체의 일원으로 활약하게 될 것입니다. 지금 당장 여러분의 친구들과 창조적인 작업을 할 수도 있고 대학이나 직장에서 창조적 협력을 하게 될 수도 있습니다. 마지막으로 우리는 창조적 공동체를 이루고 구성원들 간의 협력을 촉진하여 창조적 산물을 내도록 만드는 원리를 알아보겠습니다. 우리는 어떤 마음가짐과 태도로써, 또한 구체적인 행동으로써 창조적 공동체의 일원이 될 수 있을까요?

5장.

마음이 안전해야
생각이 나온다

세상은 정말 빨리 변합니다. 그만큼 문화적 진화 속도가 빠르다는 뜻입니다. 알파고가 처음 인간에게 도전해 온 것이 2016년의 일인데, 이제는 인공지능이 아예 인간은 상대하지도 않고 지들끼리 바둑 대회를 엽니다. AI 딥러닝 기술이 이미 인터넷 웹페이지 곳곳에 침투해 "고객님 취향과 90퍼센트 일치!", "여행을 계획 중이신가요?" 등의 광고를 내보냅니다. 인공지능 기술은 4차 산업혁명이라는 사회경제적 대변혁을 불러일으킬 것으로 평가받고 있기도 합니다.

10년 전만 해도 웹툰이 영화나 드라마로 제작되는 경우가 드물었습니다. 공유 킥보드는커녕 공유 자전거조차 없었고 유튜브 크리에이터란 개념도 나오지 않았습니다. 배달 어플리케이션이 요식업계를 정복하고 모바일 게임이 PC 게임을 잡아먹는 현상도 나타나지 않았습니다. 사실 아이폰이 출시된 게 고작 2007년, 인스타그램이 서비스를 시작한 게 2010년, 페이스북이 상장된 것도 2012년에 불과합니다.

세상이 이처럼 빠르게 변화하는 건 어제오늘 이야기가 아닙니다. 10년이 멀다 하고 삶과 직업의 구조가 변화하는 현상은 적어도 전기와 자동차 산업이 발전하기 시작한 1800년대 말에서 1900년대 초 이후로 쭉 이어져왔습니다. 이때부터 기술과 문화의 급변은 인류의 특성이 되었다고 할 수 있죠. 우리는 빠르게 진화하며, 그 진화의 결과는 세상 누구도 비켜갈 수 없는 너른 영향을 미칩니다.

그래서 과거에는 시키는 대로 하고, 선구적 업적을 답습하고, 남의 스타일을 베끼면 그만이었던 일들이 이제 대부분 창조적 활동을 필요로 하게 되었습니다. 학생은 공부하는 방법을 고민해야 하고 아르바이트생은 장사하는 방법을 고민해야 하며 평사원이 경영자의 관점과 혁신가의 마인드를 가져야 하는 시대입니다. 그러지 않으면 당장 먹고살기가 힘들어졌죠. 안 그래도 되는 직업은 얼마 안 가서 AI에게 모조리 빼앗길지도 모르고요.

그러니 지금부터 살펴볼 창조적 협력 방법은 우리가 무슨 일을 하든 꼭 알아두어야 할 삶의 요령이라고 할 수 있습니다. 어떤 분야, 어떤 직급에서 일하든지 우리에겐 반드시 창조적으로 사고하고 행동해야 할 때가 찾아오게 마련이고, 그럴 땐 반드시 나와 다른 개성을 지닌 사람들과 협력을 해야 하니까요.

우리들의
동료가 돼라

창조적 작업은 창조적 집단을 만드는 것에서 출발합니다. 그리고 창조적 집단을 만드는 일은 공동체의 일원이 될 사람을 초대하는 일에서 시작합니다.

우리가 사람을 초대하는 방법에 따라서 초대받은 사람은 처음부터 창조적 공동체의 일원이 되리라는 마음가짐을 가질 수도 있고 혹은 전혀 그런 생각을 못 할 수도 있습니다. 이를테면 "너 나랑 친하니까 이거 같이 하자"라는 말로 사람을 초대하면 상대방은 자기가 창조적 작업을 함께하기 위해 초대받았다는 사실을 알 길이 없죠. "우리 팀에 들어와서 내가 시키는 대로만 잘 하면 돼"라며 초대했을 때에도 초대받은 사람은 창조적 협력을 해야겠다는 생각을 할 수가 없습니다.

어떤 경우에도 이런 말을 절대 하지 말라는 뜻이 아닙니다. 시키는 일을 효율적으로 착착 해내는 조직을 만들기 위해서는 처음부터 사람들에게 "너 내 부하가 돼라"라고 말해야 합니다. 또한 스승은 학생에게 "너 내 제자가 돼라"라고 말해야 합니다. 그래야 학생이 배울 준비를 할 수 있습니다.

하지만 이런 말은 창조적인 협력 관계를 만드는 데는 적합하지 않습니다. 그래서 우린 이런 말 대신《원피스》의 루피가 팀원을 초대할 때처럼 말해야 합니다.

"우리들의 동료가 돼라."

동료 관계란 각자의 개성과 훈련을 살려 협력에 임하는 수평적 관계를 지칭합니다. 다른 사람을 협력 관계에 초대할 때 "우리들의 동료가 돼라"라고 말하는 건 우리가 그 사람의 개성과 훈련을 존중하며 동등한 관계를 맺겠다는 뜻입니다. 나는 너에게 배울 게 있으니 내게 좀 가르쳐달라는 이야기입니다. 너도 내게 배울 게 있으니 우리 서로 배우자는 이야기입니다. 우리는 이제 창조적인 일을 할 테니 너는 너만이 할 수 있는 기여를 하라는 이야기입니다. 너는 그저 기계 부품 가운데 하나가 아니라 우리 팀을 움직이는 고유한 동력이라는 뜻입니다. "우리들의 동료가 돼라." 이 말로 사람을 초대

《원피스》1권의 표지입니다. "우리들의 동료가 돼라"라는 말로 동료를 모집한 덕에 루피의 배에는 상급자와 부하가 따로 없고 선원들이 모두 각자의 개성을 바탕으로 행동합니다. 해적선을 꾸리기보다는 창조적인 일을 하기에 유용한 구성이지요.

하면 그 사람은 처음부터 자신의 개성과 훈련을 살려 여러분과 당당히 협력할 준비를 갖출 수 있습니다.

초대하기를 잘해서 동료들을 얻는 데 성공했다면 이제 한 가지 확실하게 해둘 일이 있습니다. 이제 우리 팀이, 조직이, 공동체가 창조적인 일을 할 것임을 구성원 모두가 똑똑히 알고 동의하는 것이죠.

여기 게임 프로그래머를 하는 친구와 간호사를 하는 친구, 드라마 작가를 하는 친구가 카페에 앉아 있습니다. 다들 바쁜데 모처럼 시간을 내서 만났으니 반갑기 그지없겠죠. 이들은 즐겁게 대화를 나누며 행복한 시간을 보내고 싶어 합니다.

이런 친목 모임에서는 세 사람 다 아는 이야기를 하는 편이 좋습니다. 간호사 친구가 의료 종사자들이나 이해할 수 있는 이야기

다를수록 좋다

를 늘어놓거나 게임 프로그래머가 자기가 어젯밤 해결한 프로그래밍 문제에 대해 이야기하거나 드라마 작가가 드라마와 은유의 관계에 대해 이야기한다면 세 사람은 행복한 시간을 보내기 어려울 것입니다. 약간 선을 타는 건 괜찮죠. 전문성을 띠지만 다른 친구들도 이해할 수 있는 재미난 에피소드를 이야기한다든가요. 예컨대 드라마 작가를 하는 친구가 배우들을 만난 이야기를 들려준다면 다른 친구들도 흥미롭게 듣겠죠.

그런데 만약 이 모임이 드라마 작가 친구가 요즘 쓰고 있는 작품의 캐릭터 구상을 위한 자리였다면 어떨까요? 목적이 바뀌면 대화의 내용도 바뀝니다. 이제는 서로 다 아는 이야기가 아니라 자신만이 아는 이야기를 해야 합니다. 간호사 친구는 최근에 자신을 괴롭힌 환자에게 어떻게 대처했는지, 수술실에서 첫 집도를 맡은 의사를 어떻게 도와줬는지 이야기할 수 있습니다. 프로그래머는 업데이트를 맞이해서 며칠 동안 야근하며 어떤 정서 상태를 보였는지 이야기할 수 있습니다.

이처럼 모임의 목적이 사교 활동인가 창조적 활동인가에 따라 구성원들이 나누는 대화의 내용 또한 완전히 달라집니다. 이를 벤다이어그램으로 표현하면 다음 그림과 같습니다.

새로운 것을 만들고 새로운 노하우를 창안할 때에는 우리가 가진 고유한 것들을 모두 끌어내야 합니다. 아인슈타인과 그로스만이

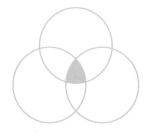 

| 사교 활동의 대화법(왼쪽). 세 사람의 교집합에 해당하는 정보와 지식, 노하우를 말한다.
창조적 활동의 대화법(오른쪽). 각자 자기만 아는 정보와 지식, 노하우를 말한다.

만나 창조적 작업을 할 때 그로스만은 자기만 알고 있는 곡면 수학에 대해 이야기했고 아인슈타인은 자기만 알고 있는 중력-가속도 등가원리에 대해 이야기했습니다. 두 사람이 처음 만났을 때 그들 사이에는 교집합이라 할 것이 없었습니다. 대신 아인슈타인과 그로스만은 서로의 지식과 노하우를 융합해 새로운 교집합을 만들며 협력했습니다.

그러므로 창조적 협력을 할 때 무엇보다 중요한 것은 우리가 하는 일이 창조적 협력이라는 사실을 아는 것입니다. 구성원들이 사교 활동을 하고 있다고 생각하는데 창조적 협력이 발생하기는 어렵겠죠. 구성원들 모두가 시키는 대로 따라하겠다고 생각하고 있어도 마찬가지입니다.

창조적 협력을 해내기 위해서는 우선 집단의 목표를 명확히 해

다를수록 좋다

야 합니다. 미국의 SF 작가인 옥타비아 버틀러는 좋은 작가가 되는 방법에 대해 이렇게 말했습니다.

"글쓰기 수업을 듣고 작가 워크숍에 가라. 글쓰기란 의사소통이다. 당신이 생각하는 바를 제대로 전달하고 있는지, 이해하기 쉽고 재미있을 뿐만 아니라 최대한 설득력 있는 방식으로 전달하고 있는지 알려줄 다른 사람들이 필요하다. 다시 말해서, 당신이 좋은 이야기를 하고 있는지 알아야 한다. (중략) 강사와 수강생 양쪽의 발언, 질문, 제안을 통해 배워라. 당신에게 상처를 주거나 화나게 하고 싶어 하지 않는 친구와 가족들보다는 이런 낯선 사람들이 당신 작품에 대해 진실을 말해 줄 가능성이 높다. 예를 들어서 그들이 당신에게 말할지도 모르는 짜증스러운 진실 중에는 문법 수업을 들어야 한다는 말이 있다. 누군가가 그런 말을 하면, 귀 기울여 들어라. 문법 수업을 들어라."

글을 쓰는 것은 창조적인 일입니다. 또한 쓰는 사람과 읽어주는 사람의 협력이 필요한 일입니다. 그래서 누군가의 글을 읽거나 자신이 쓴 글을 누군가에게 읽힐 때에는 그것이 창조적인 일이란 사실을 명심해야 합니다. 그러지 않고 친구의 별 볼일 없는 글에 대해 "어떻게 이런 걸 다 썼지? 대단한데?"라고 말한다면 그 친구는 앞으로 창조적 업적을 남길 수 없습니다.

창조적인 협력을 할 때에는 창조적인 협력을 하고 있다는 사실을 잊어서는 안 됩니다. 우리는 친구가 발전할 수 있도록 객관적인 피드백을 주려고 노력해야 합니다. 친구는 알지 못하고 나만 아는 내용을 들려줘야 합니다. 남에게 내 글을 읽힐 때에도 반드시 "자랑하려고 보여주는 거 아니니까 고칠 점을 꼭 이야기해 줘"라고 미리 말해야 합니다.

그런데 옥타비아 버틀러의 말로부터 우리는 한 가지 중요한 사실을 알 수 있습니다. 창조적 협력이란 마냥 마음이 편하기만 한 활동이 아니라는 것입니다. 창조적 협력을 할 때에는 서로 듣기 좋은 이야기만 하고 있기 어렵거든요.

다른 친구가 쓴 글을 읽고서 "너 맞춤법 공부를 해야 할 것 같아"라고 말하는 건 쉬운 일이 아닙니다. 특히 여러분보다 높은 사람, 이를테면 선생님에게 "선생님, 맞춤법 공부 좀 하셔야겠어요"라고 말하는 데에는 큰 용기가 필요하죠.

이처럼 창조적 협력에 필수적이지만 큰 용기를 필요로 하는 말들이 자유자재로 오가는 분위기를 심리적 안전이라 부릅니다. 심리적 안전은 창조적 공동체의 문화를 이루는 근간입니다. 또한 구성원 모두의 노력이 없으면 달성하기 힘든 경지이기도 하지요.

다를수록 좋다

먼저 다가가
말 걸기

창조적 공동체를 이룬 사람들은 각자의 개성을 살려 협력에 나서야 하고 자기만 아는 지식과 정보를 이야기해야 합니다. 또한 실수를 범했을 때에는 이를 인정할 수 있어야 하고 타인의 오류를 발견했을 때는 이를 지적할 줄 알아야 합니다. 서로를 존중하면서 서로의 단점을 보완하고 장점을 살릴 수 있는 말을 아끼지 않아야 합니다.

이와 같은 분위기와 문화를 통칭하여 심리적 안전이라 부릅니다. 심리적 안전은 구성원들이 "내가 어떤 말을 해도 무시당하지 않을 거야", "내가 상대의 실수를 지적했을 때에도 나는 존중받을 거야", "내가 개성을 살리는 게 우리 팀에 도움이 되는 거야"라는 느낌을 받는 걸 뜻합니다.

이런 느낌을 받지 못하면 우리는 할 말이 있어도 꾹 참게 되고 자기만 아는 지식과 정보를 이야기하지 않으며 개성을 죽이고 남들과 비슷한 행동을 하려 합니다. 팀원 중 한 명이 프로젝트 전체를 망칠 수 있는 실수를 저지르고 있다는 걸 깨달아도 "어쩔 수 없지. 내가 할 수 있는 일이 없어"라는 생각에 입을 다물게 됩니다. "내가 무슨 말을 해봤자 손해만 볼 거야"라는 마음으로 최대한 조용히 하루를 마무리하는 것을 목표로 삼게 됩니다. 내가 실수를 한 경우에는 아무도 이를 알아차리지 못하도록 덮어두기에 바쁩니다. 모르는 일이 있어도 도움을 요청하지 않고 일이 흘러가는 대로 내버려두게 됩니다.

우리가 이처럼 할 말을 하지 않고 개성을 죽이게 되는 것은 말을 했다가 손해를 본 경험, 개성을 발휘하려다 무시당한 경험이 있기 때문입니다. 잘 모르는 게 있어서 다른 사람에게 물어봤더니 동료들이 조언을 해주기는커녕 "너는 그것도 모르고 여길 어떻게 들어왔냐"라며 바보 취급을 합니다. 실수를 털어놓고 이제 어찌해야 좋을지 물었더니 친구가 "뭐, 너라면 그럴 수도 있지"라고 말하며 업신여깁니다. 내가 다른 사람의 실수를 지적하고 단점에 대해 말하고 나만 아는 정보를 이야기했더니 사람들이 "너는 어쩜 그렇게 바른 말만 하냐. 아주 예뻐죽겠어"라며 다음부터 나랑 말하는 일 자체를 꺼립니다. 이런 경험이 쌓이면 우리는 창조적인 협력 따위는 집어치우고 묵묵히 시키는 일만 하게 됩니다.

심리적 안전이 확보된 창조적 공동체를 만들기 위해서는 우리 모두의 노력이 필요합니다. 아래의 사례를 보며 우리가 어떤 행동을 해선 안 되고 어떤 행동은 해야 하는지 생각해 보죠.

두 명의 친구가 동업을 해서 떡볶이 가게 개업을 준비하고 있습니다. 어느 날 이들은 아래와 같은 대화를 나눕니다.

"우리 메뉴를 정하기 전에 인테리어부터 정해야 할 것 같아. 내가 인테리어 쪽 일을……."

"야! 말이 되는 소리를 해. 메뉴도 정하지 않고 무슨 인테리어를 하겠다는 거야. 인테리어에 맞춰서 메뉴를 정하겠다는 거야? 장사를 안 해봤으니 뭘 알아야 말이지."

인테리어부터 하자며 말을 꺼낸 친구는 자기가 아는 고유한 정보를 동업자 친구와 나누고자 했습니다. 그런데 이를 듣는 쪽에서는 다 듣지도 않고 친구의 말을 자르더니 모멸감까지 줍니다.

또 다른 상황 하나. NASA의 직원과 팀장이 로켓 발사를 준비하고 있습니다. 어느 날 로켓에 결함이 있을 가능성이 있음을 알아낸 직원이 팀장에게 가서 말합니다.

"제가 분석한 바에 따르면 이대로 발사를 진행했을 때 큰 사고가 날 가능성이……."

"어이, 자네 말만 듣고 이렇게 큰 프로젝트를 중단하라고? 고작 사소한 기술적 오류 가능성 때문에? 지금 제정신인가?"

이 직원은 프로젝트의 성패를 가를 정보를 상사에게 전하려 했습니다. 그런데 상사가 직원의 발화 행위를 처벌해 버렸죠. 직원을 대하는 팀장의 말 속에는 직원에 대한 존중이 들어 있지 않습니다. 직원이 중요한 정보를 공유하고 치명적인 오류를 지적하려고 했는데도 말이죠. 우리가 누군가에게 말을 꺼냈을 때 이처럼 단칼에 거절당하고 묵살당하고 존중받지 못한다면 이후로는 아무 말도 하고 싶지 않아집니다. 아무리 중요하고 도움이 되는 말이라 해도요. 오히려 중요한 이야기일수록 더 하기가 싫어집니다.

그렇다면 동료의 말을 들을 때 우리는 어떻게 행동해야 좋을까요? 동료들이 뭐라고 말을 하면 덮어놓고 "그래, 좋은 생각이야"라

2003년, 임무를 마치고 지구로 진입하던 우주왕복선 콜롬비아호가 공중 분해되어 일곱 명의 승무원이 사망했습니다. 왕복선 발사 당시 이미 이상 징후를 눈치 챈 로드니 로샤라는 엔지니어가 있었습니다. 하지만 상급자가 의견을 묵살하자 그는 입을 다물었습니다.

다를수록 좋다

고 말해야 할까요? 위 두 사례에 등장하는 사람들이 "메뉴를 정하기 전에 인테리어부터 정하자고 하다니, 너 아니면 할 수 없는 생각이야", "그렇게 사소한 자료를 바탕으로 거기까지 내다보다니 정말 대단해"라고 말했어야 하는 걸까요?

무리해서 듣기 좋은 말을 한답시고 진심이 담겨 있지 않은 말을 할 필요는 없습니다. 여러분이 하는 말에 진심이 담겨 있지 않다면 듣는 사람도 그 사실을 느낄 수 있으니까요. "인테리어부터 하자니 좋은 생각인걸?"이라고 말하고 곧바로 메뉴 정하는 일로 돌아가는 표리부동한 짓을 하느니, 차라리 "왜 그렇게 생각하는데?"라고 묻거나 "메뉴를 먼저 결정해야 인테리어를 구상하는 데 도움이 되지 않을까? 매운 떡볶이를 팔지 않는데 인테리어를 붉은 색으로 하는 건 이상하잖아?"라는 식으로 자신의 의견을 제시하는 편이 좋습니다.

그러면 여러분의 동료는 자기가 생각하는 바를 더 자세히 이야기하거나, 중요한 정보를 여러분에게 전달하거나, 자신의 생각을 수정하거나, 여러분의 아이디어와 자신의 아이디어를 융합해 더 좋은 생각을 내놓을 수 있습니다. 상대가 의견을 내놓고 자기만 가진 정보를 내놓았을 때에는 그 의견과 정보를 더 깊게 탐색해 들어가세요. 질문을 던지거나 여러분만 알고 있는 정보를 이야기해 주는 게 상대의 말을 깊게 탐색하는 방법입니다.

그런데 상대의 말에 반응하는 일보다 더 중요한 일이 있습니다. 먼저 다가가 말을 거는 일입니다. 같이 떡볶이 가게를 열기로 한 동료에게 다가가 "너는 인테리어 쪽을 잘 알잖아. 전에 너희 삼촌 가게 도와드린 적도 있고. 그쪽에 대해서 뭔가 좋은 생각이 있어? 꼭 인테리어 쪽이 아니더라도 좋아"라고 말하는 겁니다. 로켓 발사를 준비하는 동료들에게 다가가 그들만 가진 독특한 정보가 있는지 먼저 탐색하는 겁니다.

다가가 말하는 행동은 여러 가지 효과를 발휘합니다. 먼저 이런 행동을 통해 우린 동료들이 어떤 자질과 능력을 가지고 있는지 깊게 이해할 수 있습니다. 사람의 개성은 겉모습으로 드러나지 않습니다. 인간의 개성적인 자질과 독특한 능력은 인종과 성별, 종교, 키와 몸무게, 얼굴 생김새, 나이, 출신 학교만 가지고 알아낼 수 있는 게 아닙니다. 먼저 사람들에게 다가가 말을 걸었을 때에야 우리는 동료의 개성을 제대로 이해할 수 있습니다.

또한 다가가 말하는 행동은 구성원의 심리적 안전을 크게 증진하는 행동입니다. 사람들이 말을 했을 때 반응을 잘하는 건 수동적인 방법입니다. 그 대신 먼저 다가가 말을 거는 건 적극적 방법으로, 여러분이 동료들의 말을 들을 준비가 돼 있고 그들이 개성을 발휘하길 원한다는 걸 천명하는 방법입니다.

지금까지 우리는 동료와 직접적으로 소통하는 방법에 대해 알아보았는데요, 여기서 한 가지 더 생각해 볼 점이 있습니다. 이는 여러분이 더 많은 동료를 모아 큰 규모의 팀을 이룰수록, 그리고 훗날 회사에 들어간다든가 집단에 소속되어 직급이 높아질수록 더 중요해질 문제입니다.

한 회사의 과장과 부장이 업무와 관련된 이야기를 나누고 있습니다.

"부장님. 이번에 소프트 2팀에서 일러스트레이션 관련해서 추가 인력이 필요하다고……."

"뭐가 어째? 소프트 2팀 녀석들은 도대체 뭐 하는 놈들이야. 당신은 또 뭐 하는 인간이기에 그것들도 똑바로 관리 못 해?"

이 대화에 등장하는 과장은 소프트 2팀에서 한 말을 부장에게 전달하는 중입니다. 그런데 부장은 메시지를 전달했다는 이유로 이 사람에게 화를 냈습니다. 메신저를 공격하는 일은 기업 조직뿐만 아니라 동료들이나 친구들 간에도 자주 발생합니다. 위의 부장처럼 메신저를 공격해 버리면 엉뚱하게 화살을 맞은 과장은 자신에게 메시지를 전달해 달라고 부탁한 소프트 2팀 팀장에게 화풀이를 하게 됩니다.

"너희들이 쓸데없는 이야기를 해서 내가 욕먹었잖아. 앞으로 이런 부탁은 입 밖으로 꺼내지도 마. 내가 나한테 말해 봤자 소용없다고 했어 안 했어."

이런 말을 들은 소프트 2팀 팀장은 또 자기 동료들에게 좋은 소리를 할 수 없죠.

"야, 다들 앞으로는 조용히 맡은 일만 해. 너희들이 떠들어봤자 잘되는 일 하나도 없어. 알았어? 우리는 이 조직이 잘 굴러가게 묵묵히 제 할 일만 하면 되는 거야."

메신저를 공격하면 이처럼 침묵이 연쇄적으로 퍼져나가며 심리적 안전을 파괴합니다. 거대한 조직에서 메신저들의 존재는 필수불가결합니다. 이 메신저들이 사실과 의견을 있는 그대로 전달하지 못하고 오히려 조직에 침묵을 확산시키는 걸 두고 관료주의에 빠졌다고 합니다. 많은 학자들이 창조적 협력의 대척점으로 보는 분위기이자 소통 양상이죠.

남들이 안 하는 일을 하니까
당연히 실패하지

동료들과 올바른 방법으로 소통하며 심리적 안전을 일구는 것과 함께 창조적 조직과 공동체의 성패에 큰 영향을 미치는 요소가 두 가지 더 있습니다. 첫째는 실수와 실패를 다루는 행동이고 둘째는 갈등을 다루는 행동입니다. 먼저 실수와 실패를 대하는 창조적인 자세를 알아보도록 할게요.

창조적인 일을 하다 보면 우리는 잦은 실수를 범하고 왕왕 실패를 경험하기 마련입니다. 창조적인 일은 다른 사람들이 만든 걸 따라 만드는 일이 아니고 다른 사람들이 정착시킨 기법을 따라 하는 것도 아닙니다. 창조적인 일은 새로운 방법, 융합적인 방법으로 새로운 작품과 기법과 제품과 서비스를 만드는 일입니다. 창조적인 작업에는 으레 실수가 따르기 마련이고 많은 경우 실패가 동반됩니다. 그러므로 창조적인 일을 할 때는 실수와 실패를 처벌하기보다 실수와 실패로부터 배움을 얻을 줄 알아야 합니다.

2014년에 구글은 구글 글라스를 출시했다가 큰 실패를 맛본 바 있습니다. 구글 글라스는 인공지능과 사물 인터넷, IT 기술 등을 광범위하게 융합해 만든 스마트 안경이었습니다. 이 안경을 쓰면 토니 스타크가 아이언맨 슈트를 입고 세상을 보는 것처럼 볼 수 있고 자비스와 이야기하는 것처럼 인터넷 세상과 소통할 수 있었죠.

많은 사람들이 구글의 혁신적 실험에 열광했고 구글 글라스의 출시일을 손꼽아 기다렸습니다. 하지만 막상 제품이 출시되고 나자 의아할 정도로 판매가 저조했어요. 비싸고 걸리적거리고 기능도 완벽하지 않고 사생활 보호 문제까지 대두되어 좀처럼 구매 의욕이 생기지 않았던 것이죠. 얼마 지나지 않아 구글 글라스는 구글의 역사와 IT 산업 역사에 길이 남을 실패작으로서 시장에서 쓸쓸히 물러났습니다.

구글이 창조적인 조직이 아니었다면 이 일로 구글 글라스 개발진은 모조리 해고당하고 구글은 웨어러블 디바이스와 사물 인터넷 기술 개발을 포기했을 것입니다. 하지만 요즘의 혁신적 기업들은 그런 식으로 일하지 않습니다. 이들은 자기들이 하는 일이 창조적인

다를수록 좋다

일이라는 사실을 압니다. 창조적인 일에는 실패가 따르기 마련이지만 또한 남들이 하지 않은 일을 해보는 것이기에 그만큼 새로운 지식과 정보와 노하우를 만들어 내고 배울 수 있다는 사실도 압니다.

그래서 구글은 구글 글라스에서 얻은 정보를 활용해 이제는 스마트 시티를 만드는 일을 하고 있습니다(물론 구글 글라스 시즌 2도 만들고 있고요). 도시의 환경과 자원이 인공지능을 통해 관리되고 사람들이 숨 쉬듯 자연스럽게 인터넷과 도시 인공지능에 접속할 수 있는 곳, 기술과 인간의 조화를 통해 최소한의 자원으로 최대의 행복을 취할 수 있는 도시를 만드는 게 이들의 목표입니다. 여전히 기술적 문제가 남아 있고 사생활 보호와 인간성의 본질에 대한 문제도 제기되고 있기 때문에 스마트 시티 프로젝트 또한 가까운 시일 내에 성공을 거두기 어려울 것입니다. 그리고 구글은 또다시 실패로부터 배움을 얻겠죠.

실수와 실패를 처벌해선 안 된다는 이야기는 실수와 실패를 칭찬하라는 뜻이 아닙니다. 실수는 실수고 실패는 실패입니다. 실수를 고백한 동료나 실패를 경험한 동료에게는 처벌도 칭찬도 필요하지 않습니다. 그 대신 그 실패로부터 무엇을 배울 수 있을지 함께 고민하는 동료들이 필요합니다. 실패에서 배움을 얻기 위해 동료들이 함께 노력한다면 구성원들의 심리적 안전도 증진되고 팀의 창조적 역량도 무럭무럭 성장하게 됩니다.

서로 듣기 좋은 이야기를
하다 보면

창조적 공동체의 구성원들이 견지해야 할 태도로 여러분에게 마지막으로 설명할 부분은 갈등을 대하는 창조적인 자세입니다. 앞서 옥타비아 버틀러의 말에서도 알 수 있듯이 창조적 협력 과정에서는 사람들이 서로 듣기 싫은 이야기를 해야 할 때가 많습니다. 자기가 실수한 이야기, 동료의 실수를 지적하는 이야기, 동료의 맹점을 드러내는 이야기, 프로젝트 전체의 진행 방향을 바꿔놓을 이야기 등을 나누어야 합니다.

이런 이야기를 하거나 듣는 일은 쉽지 않습니다. 창조적인 협력 관계에 있는 동료들도 사람인지라 이런 말을 들으면 기분이 나쁘거나 짜증이 날 수 있기 때문입니다. 한마디로 창조적 협력은 갈등을 낳습니다. 이 갈등을 어떻게 다루느냐에 따라 창조적 협력을 더 잘 하게 될 수도 있고 창조적 공동체가 와해될 수도 있죠.

먼저 다음의 사례를 한번 살펴보도록 하죠. 이는 연쇄살인범 프로파일링을 담당하는 미국 FBI 팀의 활약을 그린 드라마 〈크리미널 마인즈〉 3시즌의 한 장면으로, 창조적 협력 관계에 있는 동료들이 나누는 이상적인 대화 양상을 보여주고 있습니다. 팀의 언론담당관인 JJ가 스토킹 사건을 가져와 팀원들이 회의를 진행하는 장면이죠.

(JJ가 한 여성의 사진을 보여준다.)

JJ　　　　이 사람은 케리 데스몬드야. 2년 전 애틀랜타에서부터 익명의 편지를 받기 시작했어. 누군가가 하루 종일 그녀를 관찰하고 쓴 편지들이었지. 최근 케리는 메릴랜드로 이사했는데 여전히 똑같은 편지를 받고 있어.

모건　　　같은 사람이 쓴 걸로 확인됐어?

프렌티스　놈은 편지에 사진을 동봉하거든.

(JJ가 사진을 보여준다. 스토커의 팔뚝, 목 등이 찍혀 있다.)

리드　　　얼굴이 없군. 저건 시사하는 바가 있어. 신원을 보호하려는 것 아니면 자아상에 문제를 갖고 있다는 거야. 자기가 보여주고 싶은 부분만 보여주려는 거지.

프렌티스   놈은 편지에다가 케리와 함께 할 미래에 대해서도 썼어. 아이를 갖고, 늙어가고. 놈은 케리가 자기와 사랑에 빠졌다고 믿어. 단지 그 사실을 깨닫지 못하고 있을 뿐이라고 생각하지.

모건   좋아. 확실히 망상적인 자로군. 그런데 이 사건을 왜 우리가 맡아야 하지?

프렌티스   그는 600마일이나 따라올 정도로 집착이 강해.

리드   비정상적이야. 그런 경우 보통은 스토커가 표적을 다른 여성으로 바꾸거든.

모건   그래, 그건 알겠어. 상당히 심각한 상태라는 거지. 그렇다 해도 이게 우리 팀이 맡을 만한 사건일까?

프렌티스   관할서에서 케리를 도와주지 못하겠다고 했어. 그녀는 심각한 위험에 빠져 있어.

JJ   이 사건은 이제 내 손에 들어왔어. 우리가 아무것도 하지 않으면 그녀에게 무슨 일이 생기고 말 거야. 그리되면 내가 케리의 가족에게 그 소식을 알려야지.

(각자 숙고하는 네 사람)

모건   좋아. 우리가 맡자.

JJ   그래.

JJ, 프렌티스, 리드, 모건이 나누는 대화를 읽어보면 세 가지를
알 수 있습니다.

첫째, 누구도 동료의 발언을 가로막지 않습니다. 그럼으로써 네
명의 동료 모두 자기가 해야 할 말을 당당히 하고 있죠.

둘째, 동료들의 역할과 개성이 잘 드러납니다. 네 사람 중 리드
는 심리학적 지식을 담당하는 인물로서 사건과 관련한 심리학적 분
석을 제공하는 데 주력합니다. 모건은 사안의 이면을 고려하는 인
물로, 연쇄살인범 프로파일링을 해야 할 팀에서 왜 스토킹 사건을
맡아야 하는지 반론을 제기함으로써 팀원들의 주의를 환기합니다.
JJ는 따뜻한 마음을 가진 인물로 세 사람에게 목적의식을 심어주어
사건을 맡게 만듭니다.

셋째, 이들이 의견을 주고받을 때에는 갈등이 발생하기도 하지
만 이들은 이런 갈등을 당연한 것이자 거쳐야만 하는 과정으로 생
각한다는 점입니다. 이들은 갈등 때문에 상처받지 않습니다. 특히
모건은 JJ와 프렌티스의 의견에 지속적으로 반대 의견을 제시함으
로써 갈등을 유발하지만 JJ와 프렌티스의 반발을 사지 않습니다.

창조적 협력 관계에 있는 동료들은 이처럼 생산적인 갈등이 생길 거라는 사실을 예상하고 이를 환영할 줄 알아야 합니다. 그리고 어떻게 하면 갈등 때문에 사람들이 상처받는 일 없이 긍정적인 결과만 얻고 대화를 마무리할 수 있을지도 생각해야 합니다.

동료들 간의 갈등을 생산적이고 창조적인 갈등으로 마무리하려면 두 가지를 명심해야 합니다. 첫째, 말뜻을 명확하게 전달해야 합니다. 둘째, 사람에 대해 이야기하지 않고 사안에 대해 이야기합니다.

동료들 간에 갈등을 유발할 수도 있는 말을 할 때는 말뜻을 명확하게 전달해야 합니다. "그게 되겠냐?", "느낌이 별로 안 좋은데", "말이 되는 소리를 해"와 같은 말은 창조적인 갈등을 낳는 게 아니라 스트레스와 폭력을 유발합니다. 안 될 것 같다는 말만 하지 말고 안 될 것 같은 이유를 말하세요. 사실을 전달하고 근거에 기초해 이야기하세요. 말을 돌리거나 얼버무리지 말고 할 말을 정확히 하세요.

또한 동료들 간에 갈등을 유발하는 말을 할 때는 사람에 대해서가 아니라 사안에 대해 말해야 합니다. 누가 새 프로젝트를 제안하고 새로운 작업 방식을 제안하는데 "그거 다 너 편하자고 하는 거 아냐?", "너만 좋으라고 하는 일이지?"라고 말하면 기분 좋을 사람이 누가 있겠어요? 위의 사례에서 모건이 "그런데 이 사건을 왜 우리가 맡아야 하지?"라고 말하지 않고 "JJ, 너 너무 무른 거 같아. 동정심으로 이 일을 맡을 수는 없어"라고 말했다면 듣는 JJ가 기분이 어땠을까요? 그러니 동료들 간에 갈등이 발생한다면 끝까지 갈등을 일으킨 사안에 대해서만 이야기해야 합니다. 절대로 사람을 향해 화살을 겨누면 안 돼요.

지금까지 우리는 창조적인 공동체를 이루고 동료들과 원활히 협력하며 창조적인 결과를 산출하기 위한 자세에 대해 알아보았습니다. 창조하기 위해 우리는 개성 있는 사람들과 창조적인 협력 관계를 맺어야 합니다. 그러기 위해서는 가장 먼저 초대를 잘해야 합니다. 초대하려는 사람들 각자의 개성과 역할을 존중하며 동료로서 초대하세요. 이것이 심리적 안전을 형성하고 창조적인 집단을 만드는 첫 단계입니다.

동료로 불러 모은 사람들이 개성을 발휘하고 자신들이 지닌 귀중한 지식과 정보와 노하우를 제공하도록 하기 위해 이들에게 자주 말을 거세요. 조언을 구하고 도움을 요청하고 대화에 초청하세요. 동료들이 귀중한 의견을 들려줄 때는 귀에 거슬린다고 짜증을 내거나 무시하지 말아야 합니다. 대신 그 말에 귀를 기울이고, 반문하고, 숙고하세요. 메시지를 전달하는 사람을 대할 때도 마찬가지입니다. 이들이 전하는 메시지를 성가시게 여겨 화를 내서는 안 됩니다. 오히려 메신저의 말에 귀를 기울여 팀 전체에 말과 정보와 지식과 노하우가 이리저리 유기적으로 통하도록 만들어야 합니다.

창조적인 팀에 있어 실수와 실패는 필연적인 것입니다. 실수를 저지른 사람에게 곧장 벌을 주지 마세요. 여러분 자신의 실패에도 좌절하지 말고요. 그러는 대신 실수와 실패를 통해 동료들 모두가 배움을 얻을 수 있도록 함께 이를 분석하고, 정보를 추출하고, 노하우를 개선하세요.

창조적인 팀은 이런저런 갈등을 겪기 마련입니다. 개성 있는 사람들이 만나 빚어내는 지식과 노하우의 충돌은 창조적 작업에 도움이 됩니다. 이런 생산적인 갈등이 언제든 발생할 수 있다는 사실을 받아들이고 오히려 이를 반기는 마음을 가지세요. 항상 말뜻을 명확하게 전달하고, 갈등의 주제를 사안에서 사람으로 옮기지 않음으로써 갈등을 창조로 연결시키세요.

이와 같은 자세를 견지하고 개성 있는 동료들과 협력하는 훈련을 한다면 우리는 우리가 지닌 무궁무진한 창조적 가능성을 실현할 수 있습니다. 개성과 훈련과 협력의 조화로 여러분은 물시계를 만들 수 있고 MOSFET을 개발하고 진화론을 창시할 수 있습니다. 새로운 음악 전통을 구축하고 획기적인 영상 산업을 개척하며 누구도 본 적이 없는 축구팀을 만들고 범죄자들을 체포하는 혁신적인 기법을 창안할 수도 있습니다.

| 닫는 글 |

심리학의 아버지는
끈기 없는 사람이었다

심리학의 태동에 지대한 영향을 미친 윌리엄 제임스라는 사람이 있습니다. 제임스가 1890년에 펴낸 《심리학의 원리》는 의식, 정서, 습관, 의지라는 네 가지 키워드를 중심으로 그때까지 이루어진 심리학 연구를 종합한 책입니다. 이 책으로부터 심리학이 시작됐다고 보는 학자들이 많을 정도로 이는 중요한 업적이었습니다. 제임스가 산발적이고 분절된 연구들을 묶어 심리학이 어떤 주제를 다루고 어떤 연구 방법을 취하는 학문인지 가르쳐주었기 때문입니다. 이런 업적은 그야말로 윌리엄 제임스가 아니면 이룰 수 없는 것이었습니다.

제임스는 참 끈기가 없는 사람이었습니다. 어렸을 때 제임스는 미술가가 되고 싶었으나 부모의 반대로 그 길을 가지 못했습니다.

그 대신 화학 전공으로 하버드에 입학했죠. 하지만 그는 화학 실험실을 아주 싫어했습니다. 그래서 전공을 찰스 다윈이나 앨프레드 월리스와 같은 박물학으로 바꿨습니다.

제임스는 유명한 박물학자였던 루이 아가시와 함께 남아메리카로 탐험을 떠났습니다. 남아메리카는 다윈을 세계적인 탐험가로 만들고 월리스의 창조적 업적에 발판을 놓아준 곳이었지만 제임스에겐 그저 겁나게 덥고 힘든 곳에 불과했습니다. 제임스는 도대체 왜 땀을 뻘뻘 흘리며 아마존에서 동물 화석을 채집해야 하는지 이유를 알 수가 없었습니다. 탐사대장인 루이 아가시에게 인간적으로 실망하여 "다윈의 구두를 닦을 만한 자격도 없다"는 결론을 내리기도 했죠. 리우데자네이루에 도착했을 때는 자기 아버지에게 "온 게 실수였어요"라는 편지를 보냈습니다.

아마존 탐험이 끝난 뒤에 제임스는 의학으로 전공을 바꾸어 자격증을 따냄으로써 드디어 뭔가를 끝까지 해내는 기염을 토합니다. 하지만 죽을 때까지 의사로 개업한 적이 없고 학생들에게 의학을 가르친 적도 없습니다. 그 대신 생리학 연구를 했습니다. 그러면서도 생리학 실험은 싫어해 마지않았죠.

제임스는 변덕이 너무 심해서 무슨 일에든 적어도 두 번은 변심을 하고야 마는 인물이었습니다. 아마존 탐험을 할 때에는 탐험이 좋았다가 싫었다가 아가시가 존경스러웠다가 혐오스러웠다가 난리도 아니었죠. 하버드 교수가 된 뒤에는 매년 두 번씩 교수 일을 할 것인지 그만둘 것인지 결심을 바꾸었습니다.

이처럼 제임스는 끈기와 패기가 없고 자기 통제력이 약했으며 자료를 수집하고 분석하는 일에 일절 재능이 없었습니다. 하지만 제임스는 호기심과 통찰력이 있는 사람이었습니다. 흥미를 느낀 분야에 투신했다가 그로부터 직관적인 통찰을 얻은 뒤에는 미련 없이 다른 분야로 넘어가곤 했습니다.

그는 아마존 탐험을 통해 박물학에 아무런 기여를 하지 못했으나 인간이라는 종도 환경의 압력에 민감하게 반응한다는 사실만은 확실히 깨닫고 돌아왔습니다. 이러한 통찰이 훗날의 생리학 연구로 이어지며 제임스는 인간의 타고난 생리적 기능이 후천적 환경에 적응하는 양상에 주목했습니다. 이것이 그가 《심리학의 원리》에서 강조한 의지와 습관의 개념입니다.

제임스는 《심리학의 원리서》에서 수많은 실험심리학 연구를 소개하고 있지만 그중 자기가 진행한 연구는 딱 하나밖에 들어 있지 않습니다. 그 대신 아무런 연관성이 없어 보이는 다양한 연구들로부터 연결고리를 통찰하는 솜씨를 뽐냈죠. 그는 《심리학의 원리》를 끝으로 실험심리학 분야를 떠납니다. 여기서 발견할 수 있는 통찰을 이미 얻었고, 이제 그의 흥미를 끄는 다른 분야로 넘어갈 때였기 때문입니다.

제임스가 마지막으로 옮겨간 분야는 철학이었습니다. 그의 마음속에는 의지와 습관으로서의 인간이라는 통찰이 담겨 있었죠. 그리고 제임스에게는 일맥상통하는 철학적 주제를 가지고 있으면서도 완전히 다른 개성을 가지고 있었던 찰스 퍼스라는 동료가 있었습니다. 찰스 퍼스는 어디에도 얽매이지 않는 창의적인 수학자이자 철학자였으나 사람들과 소통하려는 의지와 능력은 거의 없는 사람이었습니다. 그는 통계론을 중시했으며, 세상에 진리와 원칙이 정해져 있는 게 아니라 통계적인 구름의 형태로 존재할 뿐이라는 난해한 이론을 내세웠습니다.

당시 퍼스가 무슨 이야기를 하는지 알아들은 사람은 제임스밖에 없었습니다. 그는 퍼스의 수학적 이론을 의지와 습관에 접목했죠. 제임스와 퍼스는 토론을 거듭한 끝에 그들만의 철학을 구축합니다. 이를 세상에 소개하는 건 제임스 몫이었고요. 제임스는 결국 진리는 특정한 환경에 놓인 사람들의 집단적 의지에 따라 진화한다는 이론, 즉 프래그머티즘 철학을 내놓기에 이릅니다.

윌리엄 제임스는 모범적인 학자, 그림으로 그려놓은 듯한 천재가 아니었습니다. 우리 모두와 마찬가지로 단점과 장점을 함께 가진 개성적인 사람이었습니다. 제임스는 독특한 훈련 과정 끝에 다양한 분야로부터 공통의 원리를 통찰해 낼 수 있는 사람이 되었습니다. 이러한 능력을 바탕으로 그는 개성적인 동료와 협력함으로써 프래그머티즘이라는 필생의 창조적 업적을 이룩할 수 있었습니다.

우리의 개성은 창조의 원천입니다. 훈련은 우리만의 자질과 능력을 가다듬고 이를 창조로 연결하는 유일한 길입니다. 그리고 협력은 위대한 창조를 탄생시키는 불꽃이 될 뿐만 아니라 오늘날에는 창조를 이루는 필수적인 요인으로 자리매김했습니다.

인류는 놀라운 존재입니다. 어마어마한 창조적 능력을 가졌기 때문입니다. 인류는 위기에 닥쳤을 때나 태평성대를 맞이했을 때나 항상 창조를 통해 앞으로 나아가려 합니다. 인류에게 있어 창조는 필수불가결한 활동이자 인간을 위대하고 행복하게 만드는 활동입니다. 그리고 우리를 위대한 존재이자 행복한 존재로 만들어줄 능력은 우리 모두가 가지고 있는 것입니다.

| 참고문헌 |

《노래하던 새들도 지금은 사라지고》, 케이트 윌헬름, 아작.

《네 사람의 서명》, 아서 코난 도일, 황금가지.

《메타피지컬 클럽》, 루이스 메넌드, 민음사.

《마인드셋》, 캐럴 드웩, 스몰빅라이프.

《마틴 셀리그만의 긍정심리학》, 마틴 셀리그만, 물푸레.

《블러드 차일드》, 옥타비아 버틀러, 비채.

《비범성의 발견》, 하워드 가드너, 해냄.

《이기적 유전자》, 리처드 도킨스, 을유문화사.

《이문구의 문인기행》, 이문구, 에르디아.

《티밍》, 에이미 에드먼드슨, 정혜.

영웅은 자기가 할 수 있는 일을 한 사람이다.
다른 사람들은 그걸 하지 않는다.

- 로맹 롤랑Romain Rolland

다음 세대에 전하고 싶은 한 가지는 무엇입니까?

다음 세대를 생각하는 인문교양 시리즈 아우름

01 손잡지 않고 살아남은 생명은 없다 | 최재천
★ 아침독서신문 청소년 추천도서 ★ 청소년 북토큰 도서 ★ 학교도서관저널 추천도서 ★ 세종도서 교양도서

02 사랑할 시간이 그리 많지 않습니다 | 장영희
★ 세종도서 문학나눔 도서

03 왜 주인공은 모두 길을 떠날까? | 신동흔
★ 세종도서 문학나눔 도서 ★ 책따세 추천도서 ★ 도서문화재단 씨앗 주제도서

04 인연이 모여 인생이 된다 | 주철환

05 배움은 어리석을수록 좋다 | 우치다 타츠루
★ 올해의 청소년 교양도서 ★ 청소년 북토큰 도서

06 내가 행복한 곳으로 가라 | 김이재

07 새로운 생각은 받아들이는 힘에서 온다 | 김용택

08 노력은 외롭지 않아 | 마스다 에이지

09 내가 읽은 책이 곧 나의 우주다 | 장석주
★ 아침독서신문 청소년 추천도서 ★ 세종도서 교양도서

10 산도 인생도 내려가는 것이 더 중요하다 | 엄홍길
★ 아침독서신문 청소년 추천도서

11 나는 매일 감동을 만나고 싶다 | 히사이시 조

12 정의, 나만 지키면 손해 아닌가요? | 김경집
★ 올해의 청소년 교양도서 ★ 학교도서관저널 올해의 책 ★ 아침독서신문 청소년 추천도서 ★ 청소년 북토큰 도서

13 자신만의 하늘을 가져라 | 강판권

14 내 삶의 길을 누구에게 묻는가? | 백승영

15 옛 거울에 나를 비추다 | 공원국

16 세상은 보이지 않는 끈으로 연결되어 있다 | 최원형
★ 세종도서 교양도서 ★ 환경정의 선정 올해의 청소년 환경책 ★ 아침독서신문 청소년 추천도서

17 감정은 언제나 옳다 | 김병수

18 큰 지혜는 어리석은 듯하니 | 김영봉

19 우리는 모두 예술가다 | 한상연
★ 아침독서신문 청소년 추천도서

20 인공지능, 아직 쓰지 않은 이야기 | 고다마 아키히코

21 틀려도 좋지 않은가 | 모리 츠요시

22 고운 마음 꽃이 되고 고운 말은 빛이 되고 | 이해인
★ 아침독서신문 청소년 추천도서 ★ 학교도서관저널 추천도서 ★ 책따세 추천도서

23 좋은 질문이 좋은 인생을 만든다 | 모기 겐이치로

24 헌법, 우리에게 주어진 놀라운 선물 | 조유진
★ 아침독서신문 청소년 추천도서

25 기생충이라고 오해하지 말고 차별하지 말고 | 서민
★ 아침독서신문 청소년 추천도서

26 돈과 인생의 진실 | 혼다 켄

27 진실은 유물에 있다 | 강인욱
★ 아침독서신문 청소년 추천도서

28 인생이 잘 풀리는 철학적 사고술 | 시라토리 하루히코

29 발견이 전부다 | 권덕형

30 세상이 어떻게 보이세요? | 엄정순
★ 아침독서신문 청소년 추천도서

31 상식이 정답은 아니야 | 박현희

32 다르지만 다르지 않습니다 | 류승연
★ 아침독서신문 청소년 추천도서 ★ 학교도서관저널 추천도서

33 잃어버린 지혜, 듣기 | 서정록

34 배우면 나와 세상을 이해하게 됩니다 | 이권우
★ 아침독서신문 청소년 추천도서

35 우리 마음속에는 저마다 숲이 있다 | 황경택
★ 세종도서 교양도서

36 우연이 아닌 선택이 미래를 바꾼다 | 류대성

37 글을 쓰면 자신을 발견하게 됩니다 | 박민영
★ 세종도서 교양도서

38 우리는 스스로 빛나는 별이다 | 이광식

39 도시는 만남과 시간으로 태어난다 | 최민아

40 미생물에게 어울려 사는 법을 배운다 | 김응빈

41 좋은 디자인은 내일을 바꾼다 | 김지원

42 창의성이 없는 게 아니라 꺼내지 못하는 것입니다 | 김경일

43 시장, 세상을 균형있게 보는 눈 | 김새수
아우름 시리즈는 계속 출간됩니다.

아우름 44

다를수록
좋다

1판 1쇄 발행 2020년 6월 25일
1판 2쇄 발행 2021년 7월 10일

지은이 김명철
펴낸이 김성구

주간 이동은
기획 고래방 최지은
콘텐츠본부 고혁 현미나 송은하 김초록 이슬
디자인 이영민
제 작 신태섭
마케팅본부 최윤호 송영우 엄성윤 윤다영
관 리 노산영

펴낸곳 (주)샘터사
등 록 2001년 10월 15일 제1-2923호
주 소 서울시 종로구 창경궁로35길 26 2층 (03076)
전 화 02-763-8965(콘텐츠본부) 02-763-8966(마케팅본부)
팩 스 02-3672-1873 **이메일** book@isamtoh.com **홈페이지** www.isamtoh.com

ISBN 978-89-464-2122-6 04080
ISBN 978-89-464-1885-1 04080(세트)

값은 뒤표지에 있습니다.
잘못 만들어진 책은 구입처에서 교환해드립니다.